INVERTIR SABIAMENTE

INVERTIR SABIAMENTE

Cómo administrar mejor tu patrimonio

**DAVID N. JOHNSON
& J. A. JOHNSON**

www.jwealth.co
www.genesisbibleinstitute.org
Invertir Sabiamente
© 2025 por David N. Johnson & J. A. Johnson.
Todos los derechos reservados. Publicado en 2025.

No se permite reproducir, almacenar en un sistema de recuperación ni transmitir este material en ninguna forma ni por ningún medio —electrónico, mecánico, fotocopiado, grabación u otros— sin permiso escrito del editor.

Salvo indicación en contrario, las citas bíblicas provienen de la Biblia Reina Valera Contemporánea (RVC). Usadas con permiso. Todos los derechos reservados.

Aviso legal: La información incluida en este libro tiene fines educativos únicamente y no constituye asesoramiento financiero ni fiscal.

Valores y servicios de asesoría ofrecidos a través de Prospera Financial Services. Miembro FINRA/SIPC.

Diseño de portada: J. Martin

Imagen de portada: iStock/Pineapple Studio

Traducción: S. Passeron

Aneko Press

www.anekopress.com

Aneko Press, Life Sentence Publishing y sus logotipos son marcas registradas de Life Sentence Publishing, Inc.

203 E. Birch Street

P.O. Box 652

Abbotsford, WI 54405

NEGOCIOS Y ECONOMÍA / Finanzas personales / Inversiones

ISBN (rústica): 979-8-88936-539-6

ISBN (eBook): 979-8-88936-540-2

10 9 8 7 6 5 4 3 2 1

Disponible en librerías

A mi esposa, Lisa, que ha sido mi compañera incondicional y mi mayor apoyo durante los últimos cuarenta y cinco años. Su inquebrantable aliento ha alimentado mi pasión por ayudar a otros a vivir con un propósito y dejar un legado, educándolos y equipándolos para que administren sabiamente su tiempo, sus tesoros y sus talentos.

Juntos, hemos tenido la suerte de criar a tres hijas maravillosas y, al mismo tiempo, crear una exitosa empresa de gestión patrimonial, pero la dedicatoria más profunda de este libro es para mis nueve nietos pequeños, que se encuentran en los albores de su futuro. Mi esperanza y mi deseo es que las ideas que se recogen en estas páginas les sirvan de guía y les proporcionen la sabiduría que necesitan al embarcarse en su propio viaje por la vida para vivir y dejar un legado.

– Dave Johnson

Para mis preciosos nietos Brooklynn, Harlym, Deuce, Bronx, Ellis y Shiloh. Me llenan el corazón de alegría.

– J. A. Johnson

Contenido

Prólogo xi

Prefacio xv

Agradecimientos xxi

Introducción xxiii

La historia de Michael xxvii

1. El dinero es una herramienta, no un tesoro 1

2. Cada dólar cuenta 13

3. Duele, pero el dolor no es en vano. 29

4. Cada dólar se acumula 39

5. Libérate para estar libre de deudas 71

6. La inversión sin riesgo: dar al Señor 83

7. El poder de la acción 93

Epílogo 101

Guía de estudio para Invertir sabiamente 117

Acerca de los autores 135

Prólogo

Cuando era árbitro de las Grandes Ligas, me acostumbré a que me gritaran y abuchearan, incluso cuando tomaba la decisión acertada. En esos momentos, me decía a mí mismo con calma: «Padre, perdónalos, porque no saben lo que abuchean». Con el paso de los años, me gustaba que me abuchearan porque eso confirmaba que estaba haciendo lo correcto. Por extraño que parezca, esos abucheos solían ser mi garantía de que estaba llamando bolas y strikes exactamente como se suponía que debía hacerlo, según las reglas. De la misma manera, invertir con prudencia significa hacer lo correcto incluso cuando no es popular. Es aferrarse a los principios cuando los demás buscan atajos o victorias momentáneas.

Hay muchos libros sobre cómo generar riqueza que no dan en el blanco, pero *Invertir Sabiamente: cómo administrar mejor tu patrimonio (Investing Wisely: How to Better Steward Your Wealth)* es un éxito rotundo. Este libro no solo trata sobre cómo ganar dinero, sino también sobre cómo comprender tu papel como administrador de todo lo que Dios te ha confiado: tus ingresos, tus inversiones, tu tiempo, tus talentos y tu influencia.

En mi carrera detrás de las bases, yo era el administrador principal del juego, responsable de hacer cumplir las reglas y preservar la integridad del béisbol. No era una tarea fácil, especialmente durante las cinco Series Mundiales en las que tuve la suerte de arbitrar como jefe de equipo. Había mucho en juego y mi misión era clara: arbitrar el juego de forma justa y fiel, sin favoritismos y sin concesiones.

Esa es la misma responsabilidad que cada uno de nosotros tiene como administradores de los recursos de Dios. El apóstol Pablo nos recordó: «*se requiere de los administradores, que cada uno sea hallado fiel*» (1 Corintios 4:2). La fidelidad significa hacer lo correcto incluso cuando nadie está mirando, o cuando todos te abuchean.

En *Invertir Sabiamente (Investing Wisely)*, encontrarás más que consejos financieros prácticos. Descubrirás principios bíblicos atemporales que te ayudarán a ver el dinero no como un fin, sino como una herramienta, una herramienta que puedes utilizar para bendecir a tu familia, promover el reino de Dios y servir a tus vecinos. Este libro nos llama a administrar todo lo que tenemos, porque, en última instancia, nada nos pertenece, todo pertenece a Dios.

Mientras lees estas páginas, recuerda que la vida no es un juego, sino que debemos jugar según las reglas que Dios ha establecido. Deja que este libro sea tu guía para tomar decisiones sabias y fieles que te permitan construir un patrimonio durader, honrar al Señor y reflejar la fidelidad del jefe de equipo definitivo del cielo y la tierra. Que encuentres el valor y la convicción para tomar las decisiones correctas, incluso cuando la multitud no entiende.

Juega bien e invierte con prudencia.

– Dr. Ted Barrett
Arbitro jefe retirado de las Grandes Ligas,
cinco Series Mundiales
Fiel administrador del juego y del llamado de Dios

Prefacio

Administrando los recursos de Dios
para impactar en el Reino

Vivimos en un mundo donde el dinero a menudo reina supremo, donde la riqueza se mide en saldos bancarios, carteras y posesiones. Pero como seguidores de Cristo, estamos llamados a seguir un estándar diferente. Fundamentalmente, el dinero no es nuestro. Todo lo que tenemos —cada dólar, cada posesión, cada oportunidad— es un regalo de Dios. Las Escrituras nos recuerdan: « *¡Del Señor son la tierra y su plenitud!¡Del Señor es el mundo y sus habitantes!* » *(*Salmo 24:1). El rey David lo dijo claramente: «*De ti proceden la riqueza y la honra, y tú lo gobiernas todo. Todo viene de ti, y de lo tuyo te hemos dado*» (1 Crónicas 29:12, 14).

Hace muchos años, tuve una experiencia que grabó esta verdad en mi corazón. Era una mañana de domingo de 1990. Lisa y yo estábamos sentados en la iglesia, tomados de la mano y tratando de mantener tranquilos a nuestros tres pequeños, mientras una pareja de misioneros se adelantaba para compartir su trabajo en el extranjero.

Éramos una pareja joven recién casada, que intentaba llegar a fin de mes. Yo acababa de empezar a trabajar en un banco, en un puesto básico, con un sueldo suficiente para pagar las facturas, pero no para progresar. Como muchas familias jóvenes, vivíamos al día, con solo unos modestos ahorros para imprevistos en nuestra cuenta.

Mientras la pareja de misioneros hablaba, algo comenzó a estremecerme por dentro. Sus historias sobre vidas transformadas y el evangelio llegando a quienes nunca lo habían escuchado me conmovieron el corazón. Pero más que eso, sentí que Dios me hablaba directamente, no de forma audible, pero sí inequívoca. Me dijo: «Entrega todo». Específicamente, todo lo que teníamos en nuestra cuenta común.

Me incliné y le susurré a Lisa lo que creía que el Señor me estaba indicando. Ella me miró y, sin dudarlo, dijo: «Entonces es mejor que no discutas con Dios».

Para ser claros, nuestra cuenta no tenía una fortuna, pero era lo que necesitábamos para llegar hasta el próximo día de pago. Aun así, cuando pasó la bandeja de ofrendas, puse un cheque por el saldo total. No fue una imprudencia. Fue obediencia. Ese día salimos de la iglesia con una extraña sensación de paz, sabiendo que habíamos participado en algo mucho más grande que nosotros mismos.

Al día siguiente, fui a trabajar como de costumbre. Esa tarde, Lisa me llamó. «Hay una carta del IRS (Servicio de Impuestos Internos) en el buzón», me dijo. Se me encogió el corazón. ¿Y si había calculado mal la declaración del año pasado? ¿Era un aviso de error o, peor aún, una demanda de devolución? Le dije que no la abriera, que me encargaría de ello cuando llegara a casa.

Esa noche, abrí el sobre con cauteloso temor, pero lo que encontramos dentro nos dejó sin palabras.

La carta explicaba que el IRS había revisado mi declaración de impuestos y había descubierto un error, a nuestro favor. Habían recalculado la declaración y nos iban a devolver dinero.

Cuando vimos el cheque, nos quedamos sin aliento.

Era *exactamente diez veces*, al centavo, lo que habíamos dado el día anterior.

Nos reímos. Lloramos. Alabamos a Dios. Dios no solo nos había provisto, sino que nos había abrumado con su fidelidad. Ese momento se convirtió en un hito en nuestro camino con Él. Era como si el Señor nos dijera: «Nunca podrán dar más que yo».

Pero ahí no terminó la historia.

Solo unos meses después, me ofrecieron un puesto como asesor financiero. Ese simple acto de obediencia al dar se convirtió en la puerta de entrada a una carrera de treinta y cinco años en la que he tenido el privilegio de ayudar a otros a administrar sus recursos con sabiduría y generosidad para el reino de Dios.

Aún más notable fue que, más adelante ese mismo año, esa misma organización misionera me invitó a unirme a su junta directiva. También me convertí en su asesor financiero, ayudándoles a administrar los recursos que estaban creciendo gracias a la generosidad de otros, recursos que desde entonces han financiado orfanatos, hospitales, seminarios e iglesias en múltiples países.

Esa ofrenda del domingo por la mañana, pequeña según los estándares mundanos, se convirtió en una semilla. Dios la tomó, la multiplicó y la utilizó para transformar no solo nuestras finanzas, sino toda la trayectoria de nuestras vidas y nuestro ministerio. Y a través de todo ello, una verdad ha sido el ancla de nuestro viaje: *todo lo que tenemos pertenece a Dios*. Cada dólar, cada oportunidad, cada pizca de sabiduría o éxito, todo proviene de Él. No somos propietarios, somos administradores.

Ese es el corazón de *Invertir Sabiamente*. Escribimos este libro para ayudar a los creyentes a ver el dinero no como un tesoro que hay que acumular, sino como una herramienta que hay que administrar. Tanto si eres un adulto joven, nuevo en el mundo de las inversiones, como si simplemente buscas un marco bíblico para gestionar los recursos de Dios, este libro te guiará a través de siete decisiones críticas que transformarán tu forma de pensar sobre el ahorro, el gasto, la inversión y la donación. Aprenderás principios atemporales que te ayudarán a liberarte de la atracción del consumismo y te equiparán para vivir como un administrador fiel en un mundo que a menudo fomenta lo contrario.

Las siete decisiones que presentamos en el libro son sencillas, pero no fáciles. Requieren disciplina, oración y un corazón totalmente entregado a los propósitos de Dios. A medida que las tomes, aprenderás a hacer que el dinero sea tu siervo en lugar de tu amo. Comenzarás a ver el valor de ahorrar diligentemente e invertir estratégicamente, no para tu beneficio personal, sino para bendecir a otros y apoyar la obra del reino de Dios.

Este libro es más que una simple enseñanza: es un

entrenamiento. En él encontrarás herramientas prácticas que te ayudarán a poner en práctica estos principios:

- **La exposición 1** es un curso intensivo sobre el mercado de valores, una introducción rápida y clara para cualquier novato en el mundo de la inversión.

- **El recurso 1** es una hoja de cálculo para ayudarte a llevar un control de tus ingresos y gastos y comprometerte con un plan de ahorro e inversión.

- **El recurso 2** es un taller para establecer objetivos, diseñado para aclarar tus metas financieras y de administración a corto, medio y largo plazo.

Además, al final del libro encontrarás una **guía de estudio**, perfecta para grupos pequeños celulas o para la reflexión personal, que te ayudará a profundizar en los principios y a aplicarlos a tu vida diaria.

Oro para que este libro te inspire no solo a administrar tu dinero de forma inteligente, sino también a adoptar una perspectiva eterna, en la que tu tiempo, tus tesoros y tus talentos se inviertan en bendecir a los demás y en construir el reino de Dios. Que descubras que la administración fiel no es una carga, sino un camino hacia la alegría duradera, un propósito significativo y una recompensa eterna.

– Dave Johnson, fundador
Johnson Wealth Management
www.jwealth.co

Agradecimientos

Ningún libro se escribe solo. Estamos profundamente agradecidos a varios amigos de nuestra familia y equipo de Genesis College que han realizado contribuciones significativas a este libro.

Un agradecimiento especial a B. K. Woolsey y J. D. Valvano por sus reflexivos comentarios y contribuciones, que han reforzado el libro de una manera que nosotros solos no hubiéramos podido lograr.

Dawn Little, cuya presencia suele pasar desapercibida detrás de muchos cursos y proyectos de Genesis College, nos ayudó a dar forma a este libro.

Jess Soprano, como hace con muchos proyectos de Genesis, realizó actualizaciones y mejoras oportunas.

Y, por último, Judy «The Closer» Fry se aseguró de que el último borrador estuviera completo, pulido y listo para su publicación. Gracias a todos. Este libro es mejor gracias a ustedes.

Introducción

Siempre he creído en el poder de las historias, especialmente las de personas reales que superan la adversidad, dan un giro a sus vidas y viven con un propósito. Eso es exactamente lo que ofrece este libro. *Invertir Sabiamente* no es solo un manual financiero, es una invitación convincente a vivir de forma diferente, pensar de forma diferente y administrar tu vida y tus recursos para algo mucho más grande que tú mismo.

Conozco a Dave Johnson desde hace muchos años, tanto como compañero en el ministerio como asesor financiero de confianza de la familia Mellon, y puedo decirles esto: él no solo enseña estos principios, sino que los vive. Con décadas de experiencia guiando a personas y familias a través de la incertidumbre financiera hacia la estabilidad y la creación de un legado, Dave ha derramado lo mejor de su sabiduría en estas páginas. Lo que tienen en sus manos es el resultado de toda una vida de fidelidad, no solo en los mercados financieros, sino también en el matrimonio, la familia, el ministerio y la vocación.

En mi propia trayectoria como empresario durante 50 años, tras haber gestionado numerosas franquicias de McDonald's en Arizona y California, aprendí el valor de los sistemas, la disciplina y la visión a largo plazo. Pero también aprendí que la riqueza sin sabiduría puede desaparecer rápidamente y convertirse en una carga en lugar de una bendición. Por eso este libro es tan importante. Conecta la verdad bíblica con la estrategia financiera del mundo real de una manera práctica, fiel y transformadora.

Las historias que aparecen a lo largo de este libro son impactantes. Desde Michael, un hombre en prisión que decidió ahorrar e invertir durante su encarcelamiento, hasta familias comunes que toman decisiones sacrificadas para dar, servir y construir un futuro, no se trata de ejemplos teóricos. Son pruebas vivas de que la administración sabia es posible para todos, independientemente de los antecedentes, los errores o los ingresos actuales. Dios honra a quienes le honran, y este libro muestra cómo es eso en la vida real.

Invertir Sabiamente nos desafía a dejar de ver el dinero como nuestro amo y, en cambio, utilizarlo como una herramienta para glorificar a Dios, bendecir a los demás y dejar un legado significativo. Nos recuerda que la mayordomía no se trata solo de la riqueza, sino también de la adoración. Se trata de elegir vivir con la eternidad en mente, tomando hoy decisiones que serán importantes para siempre.

Tanto si eres un joven adulto que intenta construir una base financiera sólida, una pareja que planifica su jubilación, un líder que guía a otros en los principios bíblicos o alguien que busca una segunda oportunidad en la vida, este libro tiene algo que ofrecerte. Es una guía fiable, basada en las Escrituras y probado por la experiencia.

Es un honor para mí recomendarles esta obra. Que les inspire a dar el siguiente paso fiel hacia convertirse en los administradores que Dios creó para que fueran: generosos, sabios, audaces y eternamente enfocados.

– Don Mellon
*Antiguo propietario de 21 franquicias de
McDonald's en Arizona y California*

La historia de Michael

Este libro no trata solo de dinero. Trata sobre el cambio: un cambio duradero, que deja un legado y honra a Dios. Y el cambio no requiere riqueza ni un entorno perfecto. Requiere fe, disciplina y la voluntad de empezar desde donde uno está. Por eso comenzamos con la historia de Michael, un hombre que empezó sin nada más que una condena de ocho años de prisión y un punto de inflexión.

Su historia no solo es inspiradora, sino que es una guía ruta. Es la prueba de que estos principios de administración y inversión inteligente que estamos a punto de presentar se aplican a cualquier persona dispuesta a tomar decisiones difíciles y a cumplirlas, incluso en los lugares más inverosímiles.

Un típico derrochador de dinero

Antes de su detención y condena, Michael vivía al día. Ganaba lo suficiente para tener un buen coche y alquilar un departamento, pero se gastaba hasta el último céntimo en sí mismo y en su novia. Como mucha gente hoy en día, no tenía una cuenta de ahorros ni inversiones financieras. Así que, cuando tomó malas decisiones que lo llevaron a la cárcel, entró sin nada.

Incluso después de que su novia rompiera con él y dejara de enviarle dinero, Michael siguió gastando de forma imprudente. Sin embargo, su madre seguía ingresando dinero en su cuenta, que él gastaba rápidamente en botanas, música y películas. Michael gastaba más de 150 dólares al mes en un intento de consolarse y hacer que su condena fuera más llevadera.

El poder de un versículo

Hacia el final de ese primer año, Michael estaba sentado en su litera viendo la televisión. Mientras cambiaba de canal, se detuvo en el sermón de un predicador, y un versículo de la Biblia llenó la pantalla del televisor: *«La casa y las riquezas son herencia de los padres»* (Proverbios 19:14).

Michael no podía quitarse esas palabras de la cabeza. El versículo lo impactó profundamente. Tenía un hijo al que quería mucho y ya sentía el peso de la culpa por ser un padre ausente. Pero ahora le afectaba aún más: no le estaba dejando «casa y riqueza» ni nada de valor a su hijo.

Ese versículo fue un punto de inflexión. Puso en marcha decisiones que darían forma al resto de la vida de Michael. Muchas de esas decisiones reflejan los principios que discutimos en este libro. Aprendió a ahorrar, sacrificarse, invertir y acumular riqueza, partiendo de la nada.

Hacer cambios

Lo primero que hizo Michael fue cambiar su forma de ver el dinero. Se dio cuenta de que su antigua visión del dinero como algo que había que gastar le había frenado. Veía el dinero como una herramienta para conseguir lo que quería en ese momento, no como un recurso que había que administrar para el futuro. Pero esa actitud le estaba robando la oportunidad de ser el tipo de padre que quería ser. Su encuentro con Proverbios 19:14 le hizo darse cuenta de que tenía que dejar de malgastar el dinero y, en su lugar, utilizarlo con un propósito para crear un legado para su hijo.

Michael ahorró dinero con determinación. Los presos no controlan muchos aspectos de sus vidas, pero sí controlan sus acciones y actitudes. Michael decidió comprometerse financieramente, algo que estaba totalmente dentro de su poder. Desarrolló una mentalidad fija en lo que respecta a su plan de ahorro. Eliminó sus gastos frívolos, decidido a vivir de la comida que se servía en el comedor.

Michael se fijó un objetivo financiero claro: ahorrar 2000 dólares al año. Era un reto, pero sabía que lo conseguiría si era disciplinado. Su madre siguió haciendo pequeñas aportaciones cada pocos meses. Michael hizo cálculos y se dio cuenta de que, si conseguía ahorrar 2000 dólares al año de forma constante (y con un crecimiento moderado de inversión), podría salir de la cárcel con 20 000 dólares o más, una base que cambiaría la vida de su familia en el futuro.

Para alcanzar ese objetivo, trabajó en la cocina por 35 centavos la hora y aprovechó su creatividad para ganar dinero extra. Empezó a fabricar joyeros con cartón y varillas de periódico, pintándolos para que parecieran de madera. También aprendió a fabricar intrincadas casas de muñecas. Enviaba estas manualidades a su madre, que las vendía por Internet a través de Etsy y eBay por hasta 80 dólares cada una. Tanto él como su madre se sorprendieron cuando las ventas aumentaron y el dinero comenzó a llegar.

A medida que la cuenta fiduciaria de Michael crecía gracias a su trabajo en la prisión y a sus artesanías, él llenaba fielmente los formularios de desembolso de dinero cada mes para enviar el dinero a casa. Su madre ahorró cada centavo que él envió, combinándolo con el dinero de las ventas de artesanías.

Después de alcanzar sus primeros 1000 dólares en ahorros, Michael pidió a su madre que invirtiera el dinero en una cuenta de corretaje con Vanguard Group. Había aprendido sobre las plataformas de inversión en línea gracias a un pódcast financiero y descubrió que podía empezar a invertir en la bolsa de valores sin necesidad de un depósito mínimo.

Michael no salió de la cárcel convertido en millonario, pero sí lo hizo con una cartera de inversiones que ya trabajaba para su futuro, algo que nunca había imaginado.

El legado de un padre

Poner el futuro de su hijo en primer lugar transformó la forma en que Michael veía el dinero y la responsabilidad. Desarrolló hábitos de ahorro, sacrificio e inversión, decidido a dejarle algún día a su hijo una verdadera herencia. Mientras otros reclusos pasaban los días viendo la televisión o jugando videojuegos, Michael dedicaba su tiempo a trabajar en la cocina y a fabricar artículos de artesanía para vender. Mientras otros se gastaban el dinero en películas y botanas, Michael ahorraba e invertía.

Desarrolló hábitos que le permitieron dejar una herencia a sus hijos y, lo que es más importante, mostrar a su hijo lo que significa ser un hombre que provee, planifica y se sacrifica por el bien de los demás. Aprendió que la verdadera riqueza no se trata solo de dinero, sino de transmitir valores que perdurarán más allá de tu vida.

Muchos de nosotros no malgastamos nuestro dinero en la tienda de la prisión, pero sí lo hacemos en Target, en Amazon y en lujosas mejoras. Se pueden malgastar 1500 dólares tan rápido como 150. Si no sabes cómo retrasar la gratificación, mantenerte alejado de las deudas, invertir tus ahorros y transmitir un legado a tus hijos, los resultados serán los mismos, tanto si estás en prisión como en un lujoso departamento en el último piso.

Michael no esperó a que las circunstancias mejoraran. Empezó desde donde estaba, con lo que tenía, porque la administración no se trata solo de dinero. Se trata de aprovechar tu tiempo y tu dinero para construir un legado que bendecirá a las generaciones venideras. Tu jornada puede comenzar con tu próxima decisión.

Capítulo 1

El dinero es una herramienta, no un tesoro

Porque donde esté vuestro tesoro,
allí estará también vuestro corazón.
– Jesús (Mateo 6:21)

Este libro está dirigido a personas que se toman en serio la preparación de su futuro, personas que reconocen que si continúan viviendo como hasta ahora, siempre vivirán al día y nunca tendrán una riqueza sostenida.

Probablemente hayas elegido este libro porque deseas ahorrar dinero, generar riqueza y comenzar a prepararte para la jubilación. Las siete decisiones que exploramos en este libro te proporcionarán las herramientas necesarias para lograrlo. Como descubrirás, acumular riqueza no es algo exclusivo de unos pocos, cualquiera puede hacerlo, pero si quieres hacerlo de una manera que honre a Dios, debes tomar varias decisiones. No se trata de decisiones ocasionales y a medias, sino que requieren determinación e intencionalidad. Pero si las tomas, transformarán radicalmente tu vida y te prepararán para dar los pasos necesarios para acumular los medios financieros que te permitirán bendecir a otros.

La primera decisión comienza con la forma en que vemos el dinero y la riqueza. Hay un cambio sutil pero peligroso que puede ocurrir en nuestros corazones cuando el dinero pasa de ser un medio a un fin, y silenciosamente se convierte en el fin mismo. Comienza con buenas intenciones: ahorrar para una casa, planificar el futuro o trabajar duro para obtener un ascenso. Pero con el tiempo, el dinero puede comenzar a moldear nuestras decisiones, definir nuestras metas e incluso determinar nuestro sentido del valor. Cuanto más acumulamos, más podemos empezar a sentirnos seguros, importantes o incluso superiores. Si no se controla, el dinero se convierte en algo más que un recurso: se convierte en un rival para nuestro culto.

Jesús habló con frecuencia sobre los peligros de la riqueza, no porque el dinero sea intrínsecamente malo, sino porque sabía que nuestros corazones son propensos a depositar nuestra confianza en el lugar equivocado. Por eso dijo: «Pues *donde esté vuestro tesoro, allí estará también vuestro corazón*» (Mateo 6:21). Cuando olvidamos que Dios es quien provee y sostiene, comenzamos a aferrarnos al dinero con los puños apretados en lugar de sostenerlo con las manos abiertas. Pero cuando vemos el dinero como un siervo, y no como un amo, podemos usarlo con sabiduría para satisfacer necesidades, bendecir a otros y contribuir a la obra del Señor.

En el corazón de la administración bíblica está el llamado a invertir en lo que más importa: el reino de Dios. Si bien todos los capítulos de este libro apuntan a este objetivo final, prestamos especial atención a este principio en el capítulo 6. Te animamos a que te mantengas alerta y, desde el principio, des prioridad a las ofrendas financieras para la obra del Señor. Ahora, comencemos nuestro viaje hacia la acumulación de riqueza que glorifica a Dios.

Para convertirte en un inversionista sabio y piadoso, esta es la primera y fundamental decisión que debes tomar:

DECISIÓN 1: Haré del dinero una herramienta, no un tesoro.

El dinero es una oportunidad para glorificar a Dios.

El dinero es una herramienta y, como cualquier herramienta, puede usarse para bien o para mal, dependiendo de cómo se maneje. Algunos piensan que el dinero es intrínsecamente malo, pero no hay ningún fundamento bíblico que lo respalde. El dinero no es el problema. El apóstol Pablo nos dijo cuál es: «*porque la raíz de todos los males es el amor al dinero*» (1 Timoteo 6:10). Pablo condenó «*el deseo de ser rico*» (1 Timoteo 6:9), que puede llevar a prioridades equivocadas, materialismo y un propósito distorsionado para vivir.

Incluso los cristianos pueden caer en esta trampa, tan cegados por la codicia y el materialismo que se alejan de su fe: «*el cual algunos, por codiciarlo, se extraviaron de la fe y acabaron por experimentar muchos dolores*» (1 Timoteo 6:10).

Es importante señalar que la Biblia no condena el ser rico. Las Escrituras incluyen muchos ejemplos de gente fiel a quien Dios bendijo con grandes riquezas. El rey David era rico. También lo eran Salomón, Abraham e incluso Job. Dios les proporcionó esas riquezas, por lo que su dinero por sí solo no puede ser algo malo. Incluso hoy en día, hay muchos hombres y mujeres piadosos y ricos, pero a diferencia de la mayoría de la gente rica, ellos no idolatran el dinero. Las riquezas no son el amor de sus corazones.

Uno de los mayores problemas del amor al dinero es que nunca trae satisfacción. La gente que ama y ansía el dinero nunca está satisfecha. Siempre quieren más. El rey Salomón, el hombre más rico de su época, y posiblemente de todos los tiempos, dijo: «*Quien ama el dinero, jamás tiene suficiente. Quien ama las riquezas, nunca recibe bastante*» (Eclesiastés 5:10). Salomón calificó el amor al dinero como «vanidad». No tenía valor; no duraba.

La obsesión por la riqueza es peligrosa, y también lo es poner la confianza en ella. «*El rico piensa que sus riquezas son una fortaleza de altas murallas*» (Proverbios 18:11). El rey Uzías acumuló tierras, tributos y ejércitos, y logró seguridad en todo su reino, porque fue ayudado maravillosamente hasta hacerse poderoso. «*Pero cuando se hizo fuerte, su corazón se enalteció, y eso fue su ruina*» (2 Crónicas 26:15-16). Ezequías fue otro rey muy rico. Tenía tesorerías llenas de riquezas y depósitos repletos de grano. Pero el orgullo lo dominó, y mostró todos sus tesoros a los enviados de Babilonia. Al hacerlo, provocó la ira de Dios y recibió la promesa de que todas sus riquezas serían llevadas cautivas a Babilonia (2 Reyes 20:12-18).

El peligro de confiar en el dinero en lugar de en Dios es un tema recurrente a lo largo de las Escrituras. El dinero en sí mismo es un medio. Es una herramienta diseñada para intercambiar bienes y servicios, un medio de intercambio que necesitamos en este mundo para ser buenos administradores de la tierra y glorificar a Dios utilizándolo sabiamente.

En su libro, *Business for the Glory of God (Negocios para la Gloria de Dios)*, Wayne Grudem destaca varias maneras en que nuestro uso del dinero puede reflejar el carácter de Dios y honrarlo. Él afirma que glorificamos a Dios mediante:

- La inversión y amplificación de nuestra administración, imitando la soberanía y la sabiduría de Dios.

- Satisfacer nuestras propias necesidades, imitando la independencia de Dios.

- Dar generosamente a los demás, imitando la misericordia y el amor de Dios.

- El apoyo a la iglesia y la evangelización, ayudando a traer a otros al reino de Dios.[1]

Cuando se busca con el corazón correcto, acumular riqueza y realizar inversiones inteligentes se convierte

---

[1] Wayne Grudem, (Business for the Glory of God: The Bible's Teaching on the Moral Goodness of Business) (Wheaton, IL: Crossway, 2003), 49

en algo más que estrategias financieras. Se convierten en actos espirituales de adoración.

La creación de riqueza debe honrar a Dios

Quizás nunca hayas pensado en el dinero como un asunto espiritual, pero Pablo nos recordó: «*Y todo lo que hagáis, hacedlo de corazón, como para el Señor y no para los hombres; sabiendo que del Señor recibiréis la recompensa de la herencia, porque a Cristo el Señor servís*» (Colosenses 3:23-24). Ya sea obteniendo rentas, invirtiendo sabiamente o dando generosamente, cada decisión financiera puede honrar a Dios si se hace para su gloria. Sin embargo, incluso cuando usamos el dinero para el bien, debemos proteger nuestros corazones.

Jesús dijo: «*Ninguno puede servir a dos señores; porque o aborrecerá al uno y amará al otro, o estimará al uno y menospreciará al otro. No podéis servir a Dios y a las riquezas*» (Mateo 6:24).

El dinero es un siervo maravilloso, pero un amo malvado. Si se convierte en el objeto de nuestra confianza o deseo, alejará nuestro corazón de Dios. Por eso debemos examinar cuidadosamente nuestros motivos. Las Escrituras nos recuerdan: «*Engañoso es el corazón más que todas las cosas, y perverso; ¿quién lo conocerá?*» (Jeremías 17:9). La verdadera naturaleza de nuestros corazones y deseos es algo desconocido.

Es fácil tomar decisiones egocéntricas sobre el dinero y la riqueza y luego justificarlas utilizando un lenguaje espiritual para afirmar que lo hicimos «para la gloria de Dios». Pero debemos ser honestos con nosotros mismos y con Dios en cuanto a cómo buscamos y gastamos las riquezas.

Consumidos por la riqueza

El joven rico gobernante tuvo que aprender esta lección por las malas. Para él, el dinero no era una herramienta, sino un tesoro. Lo encontramos en Marcos 10:17-22, donde se acercó a Jesús con una pregunta sincera: «*Maestro bueno, ¿qué haré para heredar la vida eterna*? Exteriormente, parecía el ejemplo perfecto del éxito: era rico, moral y espiritualmente consciente, al menos según su propia opinión. Sin embargo, la respuesta de Jesús reveló una carencia que ninguna de sus posesiones ni logros podía cubrir. Después de recordarle los mandamientos que el hombre afirmaba haber guardado, Jesús lo miró con amor y le dijo: «*Una cosa te falta: anda, vende todo lo que tienes, y dalo a los pobres, y tendrás tesoro en el cielo; y ven, sígueme, tomando tu cruz*» (Marcos 10:21-22).

El problema no era la riqueza del hombre, sino el apego de su corazón a ella. El hombre se había jactado de su obediencia a los mandamientos, pero había fallado en cumplir el primero: «*No tendrás dioses ajenos delante de mí*» (Éxodo 20:3). La riqueza se había convertido en su tesoro, en su dios, y era lo único a lo que no podía renunciar para seguir a Cristo. Jesús lo vio y lo expuso. No dijo que había que ser pobre para seguirlo, pero dejó claro que quienes lo seguían no debían tener nada más en mayor estima.

Las palabras de Jesús nos desafían: ¿A qué somos

leales y qué ocupa nuestros corazones? ¿Es el dinero, los placeres o las posesiones? ¿O es Cristo?

Hacer de Cristo tu tesoro

Incluso las actividades buenas y necesarias, como la creación de riqueza, nunca deben desplazar o restar importancia a nuestra relación con Cristo. El dinero es una herramienta para acumular la verdadera riqueza del reino, y debes administrar los recursos que Dios te ha dado. Pablo, en su carta a Timoteo, instruyó a los ricos *«que hagan bien, que sean ricos en buenas obras, dadivosos, generosos; atesorando para sí buen fundamento para lo por venir»* (1 Timoteo 6:18-19). Dios les dice específicamente a los ricos que son responsables de hacer buenas obras por los demás y de edificar la iglesia. Los gastos que engrandecen esta vida presente sin considerar la eternidad son venenosos, así que asegúrate de usar la riqueza, *«de este modo, atesorarán para sí un seguro fundamento para el futuro y obtendrán la vida verdadera»* (1 Timoteo 6:19).

Cuando Cristo es tu tesoro, tu perspectiva sobre la riqueza lo refleja. Tus pensamientos, actitudes y comportamientos demuestran que acumular riqueza es importante, pero solo porque promete ser utilizada para fines buenos y piadosos.

Cuando Cristo es tu tesoro, tú:

1.. Vives generosamente.
La generosidad refleja el corazón de Dios, quien dio a su único Hijo por nosotros (Juan 3:16). El evangelio

nos hace generosos. Relaja nuestro apego a las cosas de este mundo y nos impulsa a dar nuestro tiempo, talentos y tesoros para promover la obra de Dios en todo el mundo. Estas inversiones tienen un valor eterno.

Servir con tu tiempo y tus habilidades, ya sea en la iglesia o en causas relevantes, tiene tanto impacto como las donaciones económicas. Muchas organizaciones comunitarias dependen de voluntarios para llevar a cabo su trabajo. Vivir con generosidad significa que servimos a los demás y demostramos el amor de Cristo. A través de estas donaciones, alineamos nuestras prioridades con las prioridades del reino.

2. Confía plenamente.

Aun cuando ponemos nuestras finanzas en orden y nos dedicamos a crear riqueza, reconocemos y confiamos en que Dios es nuestro proveedor. La confianza nos libera de la ansiedad y el temor que a menudo acompañan a los asuntos financieros.

Si te encuentras constantemente preocupado por tus finanzas o te obsesionas con acumular riqueza, tal vez sea el momento de examinar tu corazón. ¿Es Cristo verdaderamente tu tesoro? Pon tu confianza en Dios para que te guíe y te dirija, y confía en Su provisión. El autor de Proverbios nos recuerda: «*Confía en el Señor de todo corazón, y no te apoyes en tu propia prudencia. Reconócelo en todos tus caminos, y él enderezará tus sendas*» (Proverbios 3:5-6).

3. Vive con la eternidad en mente.

Cuando Cristo es nuestro tesoro, nuestra administración

adquiere un significado eterno. No vemos nuestros recursos como un fin en sí mismos, sino como un medio para bendecir a otros y promover el reino de Dios. Nuestra riqueza se convierte en una expresión visible del amor de Dios.

Jesús dijo: «*No acumulen ustedes tesoros en la tierra, donde la polilla y el óxido corroen, y donde los ladrones minan y hurtan. Por el contrario, acumulen tesoros en el cielo, donde ni la polilla ni el óxido corroen, y donde los ladrones no minan ni hurtan*» (Mateo 6:19-20). Las decisiones que tomamos en esta vida nos reportan recompensas temporales aquí o nos permiten acumular tesoros eternos en el cielo. Los creyentes son un pueblo celestial. Vivir con una perspectiva celestial minimiza los deseos materialistas para que podamos vivir mejor aquí con un enfoque eterno. «*Puesto que ustedes ya han resucitado con Cristo, busquen las cosas de arriba, donde está Cristo sentado a la derecha de Dios*» (Colosenses 3:1).

Antes de pasar a los siguientes capítulos, donde aprenderás a crear un patrimonio sostenible, te instamos a que primero decidas: haré del dinero una herramienta, no un tesoro. Si no te comprometes primero a utilizar el dinero como una herramienta para la administración piadosa, las decisiones restantes que tendrás que tomar corren el riesgo de ser egoístas en lugar de glorificar a Dios.

El dinero es una herramienta que Dios nos ha confiado para que la usemos para sus propósitos. Cuando la riqueza se convierte en la fuerza motriz de nuestras vidas, deja de servirnos y comienza a dominarnos. ¿El resultado? La riqueza se convierte en lo más importante de nuestras vidas y nos acerca peligrosamente a nuestra tendencia natural de declararnos autosuficientes e independientes de Dios. Cuando Cristo ya no es nuestro tesoro, la riqueza ocupa su lugar y se convierte en nuestro ídolo.

Capítulo 2

Cada dólar cuenta

Perezoso, mira a las hormigas;
fíjate en sus caminos, y ponte a pensar.
Ellas no tienen quien las mande,
ni quien les dé órdenes ni las gobierne.
Preparan su comida en el verano,
y en el tiempo de la siega recogen su comida.
– Salomón (Proverbios 6:6-8)

En el primer capítulo, aprendimos la importancia de tener la actitud correcta con respecto al dinero y la riqueza. El dinero debe ser una herramienta que usamos para dar gloria a Dios, no un tesoro para estimar e idolatrar.

Ahora pasaremos a algo que debería ser fácil de hacer en teoría, pero que muchos rara vez hacen: ahorrar dinero. Para muchos, a medida que aumentan sus ingresos, también lo hacen sus gastos. La gente tiende a vivir acorde a sus posibilidades, dejando poco o nada al final de cada mes. Cuando ocurre algo inesperado

—facturas médicas imprevistas, reparaciones del coche, reparaciones del hogar, pérdida del empleo— nuestra estabilidad financiera se ve afectada, especialmente si hemos cubierto estos gastos con crédito. En esos momentos, nos encontramos deseando haber estado preparados durante los buenos tiempos.

Pero ahorrar no solo consiste en estar preparado para las emergencias. Ahorrar también implica poner tu dinero a trabajar mientras construyes riqueza y te preparas para tu futuro. A lo largo de las Escrituras, Dios elogia la previsión y la preparación. La Biblia incluso nos llama a mirar a la hormiga para obtener sabiduría, «*que prepara su pan en verano y recoge su comida en la cosecha*» (Proverbios 6:8). Si decidimos prepararnos hoy para el futuro, no solo tendremos recursos financieros disponibles más adelante, sino que también podremos utilizar esos recursos para servir libremente a Dios y bendecir a los demás. Es fundamental ser un buen administrador de cada dólar con el que Dios nos bendice, disciplinándonos para gastar menos de lo que ganamos y ahorrar o invertir el resto.

La segunda decisión que debes tomar para acumular riqueza puede ser muy difícil, pero si la tomas y te comprometes a llevarla a cabo, estarás en camino de convertirte en un administrador eficaz del dinero que Dios te ha confiado.

DECISIÓN 2: Ahorraré dinero a toda costa.

Ahorrando dinero

En lo que respecta al dinero, ¿eres deudor, gastador o ahorrativo?

- Deudor: gastas más de lo que ganas
- Gastador: gastas todo lo que ganas
- Ahorrativo: ahorras una parte de lo que ganas

La mayoría de la gente tiene deudas y es gastadora. Es fácil gastar dinero, pero ahorrarlo es difícil. Requiere paciencia, dedicación, visión y sacrificio, pero ahorrar dinero es también la piedra angular de la administración piadosa y la creación de bienes.

También requiere sabiduría. La Biblia nos recuerda la sabiduría de ahorrar y planificar para el futuro: *«Riquezas y perfumes hay en la casa del sabio; pero el necio todo lo devora»* (Proverbios 21:20). La gente sabia no malgasta sus recursos. Toman la decisión deliberada de ahorrar dinero a toda costa. Esto es especialmente importante cuando tienes un cónyuge, hijos, padres u otras personas a tu cargo. La sabiduría se manifiesta en una planificación cuidadosa.

Las Escrituras nos dan un ejemplo de sabiduría financiera en la historia de José. Cuando Egipto se enfrentó a siete años de hambruna, José demostró su sabiduría al aconsejar al faraón un plan de ahorro para preservar Egipto y proporcionar alimentos al mundo. En los años de cosechas abundantes, José apartó recursos porque previó los años de hambruna. Egipto estaba preparado porque José era criterioso y sabio, guiado por el Espíritu de Dios (Génesis 41:39). Era un administrador fiel que conocía el valor del ahorro frente al despilfarro y consideraba que su responsabilidad era más importante que su propia comodidad.

Tanto si ganas el salario mínimo como si tienes un sueldo de seis cifras, es fácil gastar de más en cosas que no son esenciales. Muchas personas malgastan miles de dólares al año en gastos innecesarios, como beber café especiales, enriqueciendo a los inversores de Starbucks mientras siguen viviendo al día. Las personas sabias ejercen el dominio propio, sabiendo que cada dólar que gastan es dinero que nunca volverán a ver.

Si estás listo para comprometerte con esta segunda decisión, aquí tienes algunos hábitos valiosos que puedes empezar a cultivar en tu vida:

1. Lleva un control de tu dinero.

Esto puede parecer sencillo, pero es muy profundo. Tu objetivo es ahorrar dinero para poder invertirlo más adelante, pero es casi imposible si no sabes cuánto tienes y en qué lo gastas. Para tener una idea clara de tus ingresos y gastos, debes llevar un registro de cada centavo que ganas y cada centavo que gastas. La mejor manera, o posiblemente la única manera, de llevar un registro de tu dinero es vivir dentro de un presupuesto. Aunque algunas personas odian la palabra «presupuesto», puedes hacerlo más emocionante y menos restrictivo de lo que crees. Piénsalo de esta manera: puedes crear y seguir tus propias reglas, decidiendo dónde y cómo gastar el dinero.

Crear y seguir un presupuesto te permitirá decir no a los gastos innecesarios. Si te dejas llevar por las emociones y las circunstancias, un presupuesto te permitirá practicar el autocontrol y resistirte a los caprichos de la carne. Ser responsable con las asignaciones del presupuesto será difícil, pero dará resultados positivos.

Seis pasos fundamentales para armar un presupuesto

Crear un presupuesto es un primer paso fundamental para administrar tus finanzas. Sigue estos seis pasos para empezar:

Paso 1: Reúne tus facturas habituales, como teléfono celular, internet y servicios públicos.

Paso 2: Revisa tus recibos o estados de cuenta común y de débito para ver cómo gastas tu dinero. En una hoja de papel, crea categorías de gastos como entretenimiento, restaurantes y transporte, y anota cuánto gastaste en cada categoría el mes pasado. Muchas aplicaciones bancarias lo hacen por ti.

Paso 3: Determina tus ingresos mensuales. Revisa tus recibos de sueldo y todos tus ingresos y súmalos.

Paso 4: Resta tus gastos mensuales de tus ingresos mensuales.

Paso 5: Distingue entre el dinero que gastas en necesidades y el que gastas en deseos. Los servicios públicos son una necesidad. Amazon Prime es un deseo. Escribe una N junto a las necesidades y una D junto a los deseos.

Paso 6: Ahora busca cosas que puedas reducir o eliminar para aumentar tus fondos disponibles o dinero extra. Presta especial atención a tus deseos. Liberar dinero extra te permite:

- dejar de endeudarte (hablaremos de las deudas con más detalle más adelante).
- liquidar las deudas que ya tienes.
- ahorrar más dinero (una vez que hayas liquidado tus deudas).
- vivir frugalmente hoy para disfrutar de la riqueza mañana.

Arma tu presupuesto

Ahora mira al final de este libro *el Recurso 1: Hoja de cálculo del presupuesto*. Completa esta hoja para obtener una estimación de tus ingresos y gastos para el mes siguiente. Asigna cuidadosamente los fondos a las categorías adecuadas, teniendo en cuenta tus necesidades. Tu objetivo es presupuestar tu dinero de manera que destines más dinero al pago de deudas, ahorros e inversiones, y menos dinero a tus deseos.

Verás que en la hoja de cálculo hay un gasto *denominado «Gastos imprevistos»*. Se trata de una partida presupuestaria importante. Nunca se sabe cuándo se averiará tu coche o dejará de funcionar su aire acondicionado. La categoría «*Gastos imprevistos*» te ayudará a prepararte para esos gastos inevitables e imprevistos en los que todo el mundo incurre. Asigne una cantidad realista a esta categoría.

Al crear tu presupuesto, ten en cuenta las tres cosas siguientes: En primer lugar, establece expectativas realistas. Un presupuesto demasiado restrictivo o que no tenga en cuenta los gastos inesperados puede provocar frustración. Cuando los objetivos son inalcanzables, es más probable que abandones el plan por completo.

En segundo lugar, comprométete firmemente con el presupuesto. Vivir con un presupuesto requiere un autocontrol constante para resistir los gastos impulsivos o la tentación de hacer «excepciones» innecesarias. Sin disciplina, incluso el mejor presupuesto fracasará.

En tercer lugar, lleva un control de cada dólar que gastas. Si no lo haces, te resultará difícil comprometerte al presupuesto. Perderás de vista dónde va tu dinero y podrás gastar de más fácilmente sin darte cuenta.

Estar atento a tus finanzas te ayuda a tomar mejores decisiones. Las aplicaciones para administrar el presupuesto pueden facilitar este proceso, ya que registran automáticamente tus gastos y te envían notificaciones cuando te acercas a los límites de cada categoría. Varias aplicaciones populares para administrar el presupuesto, como Monarch Money y YNAB, ofrecen funciones para vincular tus cuentas bancarias, registrar gastos y establecer objetivos presupuestarios. Otras aplicaciones que puedes investigar son Goodbudget, NerdWallet y PocketGuard.

Asegúrate de que tu familia y amigos sepan que tienes un presupuesto y que *no* puedes ni *vas* a malgastar tu dinero. No seas grosero al respecto; simplemente di: «Siento que no podamos ir a California con ustedes. Tenemos un presupuesto».

2. Gana dinero extra.

Si deseas acumular riqueza, es beneficioso tener múltiples fuentes de ingresos. Aquí tienes algunas formas de ganar dinero extra:

- Vende cosas por internet. Vende tus artículos innecesarios y sin usar en sitios web como Poshmark o Facebook Marketplace. Muchos artículos de tu casa o garaje se pueden convertir fácilmente en dinero en efectivo.

- Empieza un negocio secundario. Hoy en día es muy fácil empezar un negocio secundario gracias al internet. Los amantes de los animales pueden ganar dinero paseando los perros de otras personas o cuidando mascotas, y las personas habilidosas pueden ofrecer sus servicios a los miembros de su comunidad. Algunos negocios secundarios pueden ser muy lucrativos, así que piensa en cómo podrías convertir tu afición en una empresa rentable.

- Busca un trabajo a tiempo parcial. Hay muchos tipos de trabajos que pueden ayudarte a obtener ingresos adicionales en tu tiempo libre. Si tienes habilidades en un determinado sector o profesión, puedes aprovecharlas para salir adelante. Podrías considerar la posibilidad de conducir para Uber o repartir comida para empresas como Grubhub o Uber Eats. Puede que no consideres este tipo de trabajo como el trabajo de tus sueños, pero puede ayudarte a alcanzar tus objetivos financieros.

3. Piénsalo dos veces antes de comprar.

Las compras impulsivas son una de las mayores amenazas para mantener el hábito de ahorrar. Entrénate para hacer una pausa antes de realizar cualquier compra y hazte tres preguntas sencillas:

1. ¿Realmente puedo permitírmelo?
2. ¿Realmente lo necesito?
3. ¿Vale la pena lo que estoy pagando por ello?

En muchos casos, descubrirás que «no» es la respuesta correcta a una o varias de estas preguntas. Plantearlas te ayudará a pensar de forma crítica sobre tus compras.

4. Ahorra e invierte todos los aumentos salariales.

Cuando recibes un aumento, es tentador ampliar tu estilo de vida. En lugar de eso, comprométete a ahorrar e invertir cada aumento salarial. Al hacerlo, resistirás la «inflación del estilo de vida» y te asegurarás de que tus ingresos adicionales construyan tu futuro financiero. Imagina que recibes un aumento anual de 5000 dólares. Puede ser tentador gastar ese dinero extra cada mes, pero si decides invertirlo, tu patrimonio crecerá significativamente con el tiempo gracias al interés compuesto, que exploraremos en el capítulo 4. Proverbios 13:11 nos recuerda: «*Las vanas riquezas pronto se gastan; el que trabaja y las guarda las hace crecer.*» Los ahorros incrementales pueden dar resultados sustanciales.

También debes invertir cualquier bonificación o devolución de impuestos que recibas. Puede que le parezcan «dinero extra», pero pueden ser oportunidades muy valiosas para alcanzar tus objetivos financieros. En lugar de gastarlo todo, como hace la mayoría de la gente, destina esos ingresos inesperados a ahorros e inversiones. Incluso puedes destinarlos a financiar tus ahorros para emergencias o a pagar deudas. No malgastes tus aumentos salariales, bonificaciones y devoluciones de impuestos; en su lugar, aprovéchalos para multiplicar tus bendiciones.

5. Anula las suscripciones que no utilices e invierte el dinero ahorrado.

Elimina las suscripciones que no uses e invierte lo que ahorres. Las suscripciones y membresías que no usas son un gasto oculto para tus finanzas. Tómate tu tiempo para revisar todos tus gastos recurrentes, incluidos los servicios de streaming, las afiliaciones a gimnasios y las aplicaciones, y cancela todo lo que no utilices. Destina ese dinero a tus ahorros o inversiones. Este hábito encarna el principio del que habló Jesús: «El *que es confiable en lo poco, también lo es en lo mucho; y el que no es confiable en lo poco, tampoco lo es en lo mucho»* (Lucas 16:10). Ser fiel con pequeñas cantidades te prepara para administrar sabiamente sumas mayores.

6. Asume tareas por las que normalmente pagas a otros.
Muchos de los servicios cotidianos por los que pagamos pueden realizarse por cuenta propia con un poco de planificación y esfuerzo. Al asumir algunas de estas tareas, puedes reducir significativamente los gastos:

- Lava tu coche en lugar de llevarlo a un lavadero.
- Prepara las comidas en casa en lugar de salir a comer fuera o pedir comida para llevar.
- Si comes fuera de casa de vez en cuando, hazlo a la hora del almuerzo, que puede costar la mitad que la cena.
- Camina, corre y haz ejercicio en casa. Solo con esto puedes ahorrar cientos de dólares al año.
- Toma prestados libros de la biblioteca en lugar de comprarlos.
- Arréglate el cabello tú mismo.
- Bebe agua del grifo filtrada en lugar de agua embotellada.
- Arregla tu ropa en lugar de reemplazarla.

Hacer las cosas tú mismo requiere tiempo y energía, pero considéralo como una inversión en ti mismo. El principio aquí es ser trabajador e ingenioso. La mujer virtuosa de Proverbios 31 es un buen ejemplo de ello: «*Siempre atenta a la marcha de su hogar, nunca come un pan que no se haya ganado*» (Proverbios 31:27).

7. Configura transferencias bancarias automáticas a tu cuenta de ahorros.

Una de las formas más efectivas de ahorrar dinero es hacerlo de forma automática. Configura una transferencia periódica desde tu cuenta común a una cuenta de ahorros o de inversión. Esta estrategia de «ojos que no ven, corazón que no siente» garantiza que ahorres de forma constante sin tener que pensar en ello cada mes ni depender de tu fuerza de voluntad.

8. Establece objetivos financieros claros.

Establecer objetivos financieros claros es esencial para la creación de bienes y la administración, ya que proporciona orientación, enfoque y motivación. Los objetivos sirven como una guía de ruta, ayudándote a priorizar tus recursos y a tomar decisiones intencionadas que se ajusten a tus valores y visión. Sin objetivos, la planificación financiera puede ser reactiva, lo que lleva a perder oportunidades y a una mala gestión de los recursos. *El recurso 2: Taller sobre metas financieras* te guiará a través del proceso de establecimiento de objetivos a corto, medio y largo plazo.

Te recomendamos que inviertas tiempo en establecer objetivos y anotarlos. «No existe a menos que esté por escrito» es una buena regla general, especialmente cuando se trata de establecer objetivos. Anota tus objetivos y colócalos en un lugar visible para tenerlos siempre presentes. Aunque estén escritos, ten en cuenta que los objetivos no son inamovibles. Las Circunstancias cambian, y cuando lo hagan, es posible que tengas que ajustar tus objetivos. Realiza los cambios necesarios y sigue adelante. A medida que establezcas tus objetivos, incluye aquellos relacionados con el ahorro, las posibles fuentes de ingresos (capítulo 4), la salida de la deuda (capítulo 5) y las donaciones a la obra del Señor (capítulo 6).

9. Mantente fiel a tu plan.

Es fácil decir que vamos a hacer algo, pero mucho más difícil cumplirlo. ¿Por qué tanta gente abandona sus propósitos de Año Nuevo incluso durante la primera semana de enero? Toman el camino más fácil porque la disciplina es un reto, pero no te harás rico a menos que te comprometas plenamente con tu plan.

Si quieres tomar el control de tu vida y tu futuro, un compromiso a medias no será suficiente. Stephen Covey, en su exitoso libro *The 7 Habits of Highly Effective People* (*Los 7 hábitos de la gente altamente efectiva*), explicó que las personas altamente efectivas se comprometen consigo mismas y cumplen sus compromisos: «Al hacer y cumplir promesas a nosotros mismos y a los demás, poco a poco, nuestro honor se vuelve más importante que nuestro estado de ánimo. El poder de comprometernos con nosotros mismos y cumplir nuestros compromisos es la esencia del desarrollo de los hábitos básicos de la efectividad».[2]

Nuestro honor debe ser más importante que nuestros estados de ánimo y nuestros sentimientos. A veces podemos sentir ganas de gastar porque nos sentimos bien cuando compramos cosas.

Pero cuando nos comprometemos a hacer algo, como ahorrar dinero, nuestra palabra debe prevalecer sobre nuestros caprichos. Comprométete a ahorrar dinero y cúmplelo.

Y si, en alguna ocasión excepcional, gastas de más y te desvías de tu presupuesto, no lo utilices como excusa para rendirte por completo. Simplemente vuelve a dedicarte al plan y sigue adelante.

Las recompensas de ahorrar a toda costa

La razón por la que mucha gente no ahorra dinero es porque tienen ideas equivocadas al respecto. Algunos piensan que son demasiado jóvenes para empezar a ahorrar: «Puedo ahorrar dinero más adelante. Tengo mucho tiempo». Otros creen que han esperado demasiado y ahora son demasiado mayores: «Es demasiado tarde para empezar a ahorrar e invertir dinero. Debería haberlo hecho hace años». Otros dicen que están demasiado arruinados: «No gano lo suficiente para ahorrar. Apenas llego a fin de mes». Muchas actitudes mantienen a las personas atrapadas en una mentalidad de vivir al día.

---

2 Stephen Covey, *The 7 Habits of Highly Effective People: Powerful Lessons in Personal Change* (Nueva York: Simon & Schuster, 1989), 51.

Ahorrar dinero a toda costa no tiene que ver con la privación, sino con la administración, la intencionalidad y las bendiciones a largo plazo. Te prepara para capear las tormentas financieras, mantener a tu familia y compartir generosamente con los demás. A medida que implementas estos hábitos de ahorro, confía en la provisión y la guía de Dios. La Biblia nos asegura: «*Así que mi Dios suplirá todo lo que les falte, conforme a sus riquezas en gloria en Cristo Jesús*» (Filipenses 4:19). Siendo administradores fieles de lo que Dios nos ha confiado, nos posicionamos para experimentar paz y abundancia financiera.

No tomes esta segunda decisión a la ligera. «Ahorraré dinero a toda costa» es una decisión que cambia la vida y que exige valor y fortaleza. Pero si decides tomarla, habrás dado otro paso crucial hacia la seguridad financiera y las bendiciones.

Capítulo 3

Duele, pero el dolor no es en vano.

Nadie es libre si no es amo de sí mismo.
– Epicteto

Cuando te comprometes a ahorrar dinero a toda costa, pasas a la acción. Llevas un control de cada dólar que ganas y gastas, estableces metas financieras para tu futuro y te comprometes a cumplir tu plan de ahorro.

Pero entiende esto: tu compromiso será puesto a prueba. Serás tentado a gastar dinero en cosas que realmente no necesitas. Nuestra cultura promueve el descontento como una forma de vida. Todos los anuncios están diseñados para despertar el deseo: de un coche mejor, una casa más grande, un teléfono más nuevo o simplemente un poco más de comodidad. El mensaje constante es claro: necesitas más para ser feliz. Pero cuanto más perseguimos esos deseos, más esclavos nos convertimos de ellos.

Las Escrituras nos enseñan constantemente que el autocontrol es esencial para una vida fiel. Cuando administramos el dinero según nuestros deseos en lugar del diseño de Dios, rápidamente perdemos de vista lo que realmente importa. Pero cuando sometemos nuestros deseos a Cristo, encontramos libertad y claridad. La administración divina requiere dominar nuestros deseos, no dejar que ellos nos dominen a nosotros.

Hasta ahora has tomado dos decisiones que transformarán tu vida. La siguiente requerirá que ejerzas dominio propio y te resistas a la gratificación instantánea.

DECISIÓN 3: No permitiré que el placer me controle ni me distraiga de administrar fielmente los recursos de Dios.

Domina tus deseos

Todos debemos tomar esta decisión, y es tan difícil como esencial. Es esencial porque sin ella no construiremos una riqueza duradera, pero es difícil porque va en contra de nuestra carne. Las Escrituras nos dicen *«porque el deseo de la carne se opone al Espíritu, y el del Espíritu se opone a la carne; y éstos se oponen entre sí para que ustedes no hagan lo que quisieran hacer»* (Gálatas 5:17). Este conflicto interno a menudo se manifiesta en nuestros hábitos de gastos.

El rey Salomón advirtió: *«Si amas los placeres, acabarás en la pobreza; el gusto por el vino y los perfumes no te hará rico»* (Proverbios 21:17). Esa descripción se ajusta a mucha gente hoy en día. Su incesante búsqueda del vino y el aceite, cosas que les proporcionan placer, agota sus cuentas bancarias y controla sus vidas. Puede que ganen buenos ingresos, pero agotan rápidamente sus ahorros comprando cosas que les gustan, incluso caprichos aparentemente inofensivos. Por ejemplo, alguna gente compra marcas de café caras para beberla a diario. Una pareja que gasta 12 dólares al día en esas bebidas está gastando aproximadamente 360 dólares al mes, lo que supone más de 4300 dólares al año. Solo con reducir el gasto en café, la pareja puede administrar mejor los recursos de Dios y destinar más dinero a inversiones.

Tomar la decisión de controlar tus deseos requerirá determinación y resolución. Tendrás que hacer al menos tres cosas

1. Hacer sacrificios.

Ahorrar dinero exige sacrificios difíciles. Estos sacrificios desafían nuestro deseo de comodidad y gratificación instantánea, pero son pasos necesarios hacia la libertad financiera. El sacrificio es esencial porque la riqueza rara vez es fruto de la casualidad; requiere una planificación intencionada y disciplina. Estos son algunos sacrificios que pueden ser necesarios para alcanzar tus objetivos financieros:

- Reduce los gastos discrecionales. Esto puede significar recortar gastos como las suscripciones a servicios de entretenimiento y streaming.

- Come menos fuera de casa. Invita a tus amigos a una parrillada en lugar de gastar el dinero que tanto te ha costado ganar en un restaurante. Compra alimentos de forma inteligente para preparar tus propias comidas. No solo ahorrarás dinero, sino que probablemente también comerás de forma más saludable.

- Renuncia a los cafés caros. Puedes preparar fácilmente tus bebidas favoritas en casa y ahorrar dinero.

- Sé frugal cuando compres artículos de primera necesidad. Evita los artículos de marca cara cuando los de marca genérica funcionan igual. Busca rebajas, cupones y descuentos online. El esfuerzo extra se verá recompensado con el ahorro conseguido.

- Deja de comprar cosas nuevas. Las tiendas de ropa de segunda mano venden ropa poco usada, y puedes encontrar casi cualquier producto usado en línea por la mitad de su precio o menos. Pero incluso con los artículos usados, cómpralos solo si realmente los necesitas.

- Reduce tu estilo de vida. Múdate a una casa más pequeña, conduce un coche más antiguo y elimina las membresías o clubes que no sean esenciales.

Esta decisión implicará muchos sacrificios. Solo tú sabes cuáles son tu vino y tu aceite de oliva. Tómate tu tiempo para pensar en lo que realmente necesitas;

es fundamental distinguir entre lo que es esencial y lo que es simplemente un deseo.

Es normal temer la idea de tener que renunciar a algunos placeres. Hacer sacrificios es difícil porque va en contra de la naturaleza humana. Nuestra cultura valora la comodidad, la gratificación instantánea y el estatus social. Sentimos la necesidad de estar a la altura de nuestros vecinos, incluso si no podemos permitírnoslo. El sacrificio nos obliga a decirnos «no» a nosotros mismos, una disciplina que suele resultar desagradable e incluso dolorosa en ocasiones, pero que es necesaria para evitar el colapso espiritual y financiero.

José es un ejemplo de alguien a quien se le presentó y resistió la tentación de la gratificación inmediata en diversas circunstancias de la vida. Podría haberse entregado al placer sexual con la esposa de su amo, pero resistió el impulso debido a su conciencia ante Dios (Génesis 39:7-9). Cuando fue llamado ante el faraón para interpretar su sueño, José podría haber aprovechado el encuentro y negociado las condiciones para su liberación de la prisión antes de darle al faraón la interpretación (Génesis 41:14-40).

Eso habría sido satisfactorio y conservador, especialmente porque no debía lealtad alguna a sus captores extranjeros. En cambio, renunció a la oportunidad de promocionarse a sí mismo y dejó que Dios se encargara de los detalles para exaltarlo a una alta posición de autoridad. Al hacer estos difíciles sacrificios, renunciando a lo que parecía lucrativo para la carne y sensato para la mente natural, José salvó su reputación justa y preservó su relación con el Señor.

Su moderación también se aplicó a la administración financiera. Guió a toda la nación de Egipto a reservar una parte sustancial del grano durante los siete años de abundancia, y vemos cómo su sacrificio dio sus frutos durante los siete años de hambruna que siguieron (Génesis 41:47-49). José y los egipcios tomaron el control de su futuro al renunciar al placer a corto plazo de comer en abundancia. Dios honró su administración: «*y comenzaron a llegar los siete años de hambre, como José lo había dicho. Y hubo hambre en todos los países, pero en toda la tierra de Egipto había pan*» (Génesis 41:54).

La Palabra de Dios está llena de ejemplos de sacrificios que producen bendiciones a largo plazo. Las cosas a las que renunciamos o nos resistimos con el fin de ahorrar dinero no son pérdidas, sino inversiones, que nos permiten administrar correctamente nuestros recursos y prepararnos para cuidar de los demás.

Hacer sacrificios para ahorrar dinero es difícil, pero vital para alcanzar la libertad financiera. Al renunciar a los placeres a corto plazo, nos preparamos para la estabilidad a largo plazo y honramos a Dios como fieles administradores. Esta abnegación es parte de la disciplina de la carne, que promueve el carácter espiritual. Cuando adoptamos la disciplina y aprendemos a confiar en la provisión de Dios, descubrimos que los sacrificios hacen más que construir seguridad financiera. Profundizan nuestra fe y conducen al crecimiento espiritual y la plenitud.

2. Aplaza la gratificación.
Cuando te niegas a dejar que el placer controle tus

decisiones y tu destino, renuncias a algunas cosas buenas hoy para poder disfrutar de una vida mejor más adelante. A este concepto lo llamamos *gratificación diferida*. Para muchos de nosotros es un concepto difícil de entender, y aún más difícil de poner en práctica. Cuando queremos algo, sentimos que debemos tenerlo ahora mismo. Estamos programados para la gratificación instantánea.

Ahorrar dinero puede requerir que pospongas la gratificación durante un tiempo. La clave es mantenerte enfocado, no en los placeres temporales, sino en lo que realmente mejorará tu futuro. En *The Psychology of Money* (*La Psicología del Dinero*), Morgan Housel cuenta la historia de Ronald Read, un hombre que pasó décadas trabajando como gasolinero y conserje. Cuando murió, su patrimonio superaba los 8 millones de dólares.[3]

Read no tenía título universitario, ni experiencia formal, ni contactos. Pero ahorró su dinero, invirtiendo cada centavo que le sobraba en acciones que conservó durante décadas. Read es un hombre cuyos hijos podrían decir: «*La casa y la riqueza se heredan de los padres*» (Proverbios 19:14).

Read se hizo rico porque sabía cómo aplazar la gratificación. No se dejó llevar por el vino y el aceite de oliva. Se aferró a virtudes anticuadas como «un centavo ahorrado es un centavo ganado». Es a través de virtudes atemporales que se construye la verdadera grandeza.

El libro de Hebreos nos da muchos ejemplos de creyentes fieles que «*por la fe, todos ellos murieron sin*

---

[3] Morgan Housel, *The Psychology of Money: Timeless Lessons on Wealth, Greed, and Happiness* (Petersfield, Reino Unido: Harriman House, 2020), 2-3.

haber recibido lo que se les había prometido, y sólo llegaron a ver esto a lo lejos» (Hebreos 11:13). La historia de la fe es una historia de gratificación diferida. La fe cree que el valor de lo que está por venir supera cualquier cosa que haya aquí y ahora. A través de los ojos de la fe paciente, estos santos del Antiguo Testamento deseaban una *«patria mejor, es decir, la celestial»* (Hebreos 11:16), y cambiaron lo que tenían por lo que Dios había prometido.

Retrasar la gratificación requiere paciencia. El progreso puede ser lento, y es posible que te sientas tentado a rendirte cuando no veas un aumento espectacular en el saldo de tus ahorros. Incluso puedes llegar a preguntarte si todo este sacrificio realmente vale la pena. Sí, vale la pena. Si pudieras preguntarle al Sr. Read, te diría que el sacrificio *definitivamente* vale la pena, pero que lleva tiempo. Debes estar dispuesto a esperar y cultivar pacientemente la mentalidad de que no todos los deseos deben satisfacerse de inmediato.

3. Cambia tu perspectiva sobre el contentamiento.

El sacrificio y la capacidad de postergar la gratificación se vuelven especialmente difíciles cuando pensamos que encontraremos satisfacción en lo que poseemos. La Escritura enseña que la verdadera plenitud no proviene de las posesiones, sino de una relación con Dios.

Moisés rehusó tanto los placeres del pecado como las riquezas de Egipto, *«prefiriendo ser maltratado junto con el pueblo de Dios y sufrir por causa del Mesías»* (Hebreos 11:24, 26). El conocimiento de Dios tuvo para Moisés más valor que el trono de un imperio terrenal, y encontró verdadera satisfacción al obedecer el llamado divino.

El apóstol Pablo sabía de dónde provienen la satisfacción y la alegría. Él escribió: «*No lo digo porque tenga escasez, pues he aprendido a estar contento en cualquier situación. Sé vivir con limitaciones, y también sé tener abundancia; en todo y por todo estoy enseñado, tanto para estar satisfecho como para tener hambre, lo mismo para tener abundancia que para sufrir necesidad ¡todo lo puedo en Cristo que me fortalece!*» *(Filipenses 4:11-13).* Esta perspectiva cambia el enfoque de la riqueza terrenal a los tesoros eternos, recordándonos que nuestra seguridad y alegría definitivas se encuentran en Cristo, no en el dinero ni en las posesiones.

Como Pablo confiaba en que Cristo supliría sus necesidades, había encontrado el secreto para estar contento: la plena confianza en Dios. Si nosotros también adoptamos esta perspectiva, podemos estar contentos con lo que tenemos y liberarnos del control de los placeres.

No es pecado disfrutar de los placeres de la vida, pero sí lo es ser esclavo de ellos o dejarse seducir por ellos. «*Vivan sin ambicionar el dinero. Más bien, confórmense con lo que ahora tienen, porque Dios ha dicho: No te desampararé, ni te abandonaré*» (Hebreos 13:5).

Cristo es todo lo que necesitamos y siempre está ahí para proveernos. Si Él es tu verdadero tesoro, es posible que no tengas nada más, pero lo poseas todo. (2 Corintios 6:10).

Una decisión difícil pero gratificante

En este capítulo te hemos desafiado a tomar una decisión muy importante: no permitiré que el placer me controle ni me distraiga de administrar fielmente los recursos de Dios.

Este compromiso no será fácil, pero valdrá la pena. Estás renunciando a placeres y comodidades a corto plazo para alcanzar metas a largo plazo. Tomar esta decisión te coloca en posición de tomar el control de tu futuro al no permitir que tus placeres te controlen.

Antes de pasar al siguiente capítulo, dedica unos minutos a responder a las siguientes preguntas. Tus respuestas te ayudarán a mantenerte comprometido con el proceso de creación de bienes.

1. ¿A qué lujos o artículos no esenciales tendrás que renunciar para poder mantenerte alineado con tus objetivos financieros y tu plan de ahorro?

   Enumera tanto los sacrificios obvios como los no tan obvios que tendrás que hacer. (Si aún no has establecido objetivos financieros claros, asegúrate de completar las hojas de trabajo que se proporcionan en el Recurso 1 y el Recurso 2).

2. ¿Qué desafíos u obstáculos podrían impedirte hacer los sacrificios mencionados anteriormente? Estos obstáculos pueden incluir modo de pensar, obligaciones personales, hábitos o aspectos de tu estilo de vida actual. Sé específico.

3. ¿Qué estrategias utilizarás para superar estos obstáculos?

Capítulo 4

Cada dólar se acumula

Mi riqueza proviene de una combinación de vivir en Estados Unidos, unos genes afortunados y el interés compuesto.
– Warren Buffett

En los tres primeros capítulos de este libro, te hemos desafiado a tomar algunas decisiones calculadas. Estas decisiones requieren que:

- veas el dinero como una herramienta, no como un tesoro
- ahorres dinero de forma diligente e intencionada, a toda costa
- ejerzas el dominio propio y la disciplina como parte de tu compromiso de crecer tus bienes y administrar tus recursos

Si te has comprometido con estas decisiones y las has llevado a cabo, ya habrás destinado dinero para ahorrar.

Ahora que has ahorrado dinero, ¿qué debes hacer con él? Estamos llamados a invertir estos recursos con sabiduría, en oración y de forma intencionada, utilizando el dinero para aumentar las oportunidades y crear un impacto duradero. Dios espera un rendimiento de lo que nos confía; espera que lo multipliquemos.

El principio de la multiplicación está presente en toda las Escrituras. El mandato de Dios de que seamos fructíferos, Jesús que alimenta a las multitudes y el crecimiento explosivo de la iglesia primitiva son ejemplos de multiplicación. La administración financiera se hace eco de este patrón divino. Un administrador sabio hace crecer lo que se le ha dado para que pueda bendecir a otros y glorificar a Dios.

Si estás listo para multiplicar lo que Dios te ha confiado, es hora de tomar otra decisión.

DECISIÓN 4: Invertiré los recursos que Dios me ha confiado y dejaré que cada dólar se multiplique.

Imagina que recibes un regalo acompañado de una nota que dice: "Úsalo con sabiduría." Ese mensaje lleva consigo un peso: el de la responsabilidad. De manera similar, Dios nos confía recursos —nuestro tiempo, talento y bienes—, y espera que no los desperdiciemos ni los guardemos solo para nosotros, sino que los usemos de forma significativa.

En la parábola de las minas, Jesús habló de un hombre de noble nacimiento que iba a un país lejano para ser nombrado rey y luego volver. Llamó a sus siervos y les dio una mina a cada uno, equivalente a unos cuatro meses de salario. Les dijo: «'*Negocien hasta que yo venga*'» (Lucas 19:13).

Cuando el noble regresó, vino el primero y dijo: «'*Señor, tu dinero ha producido diez veces más*'» *(Lucas 19:16)*. «*Había ganado un mil por ciento.*» El noble lo recompensó diciendo: «*Muy bien, buen siervo; puesto que en lo poco has sido fiel, tendrás autoridad sobre diez ciudades*» (Lucas 19:17). Otro siervo había ganado cinco minas, y le fue dado dominio sobre cinco ciudades. Pero hubo un siervo que no invirtió el dinero y dijo: «'*Señor, he aquí tu dinero, el cual he guardado en un pañuelo*» (Lucas 19:20). El noble lo reprendió duramente por no haber invertido lo que se le confió. Al menos podría haberlo depositado en el banco para ganar intereses (Lucas 19:23).

El noble representa a Jesús, quien se ha ido para recibir un reino y algún día regresará para recompensar a sus siervos, es decir, a nosotros. Aunque ahora no está físicamente presente con nosotros, volverá en el futuro y evaluará cómo hemos administrado lo que Él nos ha confiado.

Esta parábola tiene muchas aplicaciones sobre la administración, especialmente en relación con la verdad del evangelio. A cada siervo se le dio la misma cantidad, una mina, y se esperaba que la invirtiera y presentara los resultados a su señor cuando regresara. Fue la mina la que produjo el resultado, no el siervo, y cada uno reconoció que la mina pertenecía al señor, «*Señor, tu mina ha producido . . .*» (Lucas 19:16, 18). Sin embargo, los siervos se distinguieron por su sabiduría o su necedad al tomar decisiones de inversión.

No fueron juzgados por cuánto habían recibido, sino por lo que hicieron con ello.

Nosotros, que hemos recibido las buenas nuevas del evangelio, tenemos la responsabilidad de evangelizar (invertir) y permitir que el mensaje de la salvación de Dios a través de Jesucristo dé fruto (beneficio). Desgraciadamente, algunos que se avergüenzan del mensaje o que tienen una visión errónea de Cristo son como el tercer siervo, que fracasó en su inversión. Aunque poseía un tesoro valioso, lo mantuvo oculto de forma necia en lugar de dejarlo trabajar y crecer.

Pablo exhorta a Timoteo de manera similar «*acerca de la administración que proviene de Dios y que es por la fe*» (1 Timoteo 1:4). Con respecto al evangelio, Pablo considera a los creyentes como administradores «*de ese buen depósito de verdad*» que conduce a la salvación (2 Timoteo 1:14). Para invertirlo correctamente antes de que regrese el Rey, «*debemos proclamar la palabra*» (2 Timoteo 4:2)

En la parábola, Jesús usa el dinero como una lección práctica sobre los principios de una buena administración, que se aplican a todos los aspectos de la vida. Dios nos confía la vida misma, y todos nuestros recursos deben usarse para edificar Su reino. Esto comienza con nuestra respuesta al evangelio, pero también abarca cómo invertimos los recursos que Él nos ha dado. Un día rendiremos cuentas al Señor por cómo manejamos tanto las verdades espirituales como los bienes materiales.

La parábola de los talentos (Mateo 25:14-30) transmite un mensaje similar, pero las cantidades que hay que invertir son mucho mayores. Un talento era una unidad monetaria que valía 6000 dracmas, el equivalente a unos veinte años de salario de un obrero. En términos aproximados actuales, si un obrero trabaja 2000 horas al año a 20 dólares la hora, ganará 40 000 dólares al año. Por lo tanto, un talento hoy en día equivaldría a unos 800 000 dólares. Sin embargo, en esta parábola, a cada siervo se le dio un número *diferente* de talentos.

A un hombre se le dieron cinco talentos para invertir, a otro dos y a otro uno. El que tenía cinco talentos ganó cinco más. El que tenía dos talentos también duplicó el dinero. Pero el que tenía un talento enterró el dinero en la tierra y lo escondió. Jesús elogia a los siervos que invirtieron el dinero, diciendo: «*Bien hecho, siervo bueno y fiel. Has sido fiel en lo poco; te pondré a cargo de mucho. Entra en el gozo de tu señor*» (Mateo 25:21, 23). Está claro que la alabanza se basa en la fidelidad y el esfuerzo, no en la magnitud del resultado. Ambos siervos fieles obtuvieron un 100 % de rendimiento de sus inversiones, aunque tenían diferentes cantidades de recursos.

Pero el amo llamó al que enterró el dinero «*siervo malvado y perezoso*» (Mateo 25:26). El amo le dijo: «*Debías haber invertido mi dinero en los banqueros, y a mi vuelta habría recibido lo mío con intereses*» (Mateo 25:27). El siervo fue un inversor necio porque fue perezoso y no puso a trabajar su depósito. Gastó su tiempo y energía cavando un hoyo en lugar de administrar sabiamente su talento.

Estos talentos podrían representar nuestros diversos dones espirituales, habilidades, recursos monetarios y oportunidades, pero independientemente de la aplicación espiritual que le des, la lección que aprendemos en ambas parábolas es esta: debemos ser siervos fieles de todo lo que Dios ha confiado a nuestro cuidado. Los siervos fieles de las parábolas tomaron la decisión de invertir el dinero que se les había confiado para que se multiplicara. Dios quiere que administremos sus recursos sabiamente, los aumentemos y los usemos para sus propósitos. El trabajo de los siervos fieles valió la pena porque Dios los bendijo por su administración. Pudieron entrar en el gozo de su amo y fueron recompensados con oportunidades adicionales para servir a Dios fielmente: «*Porque a todo el que tiene, se le dará más, y tendrá en abundancia*» (Mateo 25:29; véase también Lucas 19:26).

Hacer inversiones

Cuando te comprometes a administrar el dinero que Dios te ha confiado, hay varias maneras de hacerlo crecer. Veamos estas opciones, incluyendo algunas de las ventajas y desventajas de diversas inversiones. Comenzaremos con una cuenta de ahorros básica y luego discutiremos formas más agresivas de multiplicar tus recursos.

1. Cuenta de ahorro común

Una cuenta de ahorros es la piedra angular de las finanzas personales, ya que ofrece un lugar seguro y de fácil acceso para guardar fondos y obtener unos modestos intereses. Las principales ventajas son la seguridad, la liquidez y la simplicidad. Las cuentas de ahorros en Estados Unidos están aseguradas por la Corporación Federal de Seguro de Depósitos (FDIC), hasta 250 000 dólares por depositante, se puede acceder rápidamente a los fondos y son fáciles de abrir y gestionar, sin condiciones ni requisitos complejos.

Sin embargo, no se puede aumentar el patrimonio solo con una cuenta de ahorros. Los bajos tipos de interés suelen estar por debajo de la inflación, lo que significa que el valor del dinero puede erosionarse con el tiempo. Es importante disponer de fondos en una cuenta de ahorros, ya que permite acceder al dinero cuando se necesita, pero las siguientes opciones le permitirán aumentar sus ahorros más rápidamente.

2. Certificado de depósito

Los certificados de depósito (CD) son depósitos a plazo fijo en los que comprometes fondos durante un período determinado a cambio de una tasa de interés más alta que la de las cuentas de ahorro normales. Los CD se abren a través de un banco o una cooperativa de crédito por un período de tiempo específico, como seis meses, un año o cinco años. Aunque los CD están asegurados por la FDIC, (Corporación Federal de Seguro de Depósitos, por sus siglas en inglés), ofrecen tasas de interés más altas que las cuentas de ahorro, se te penalizará por retirar fondos antes de tiempo.

3. Fondos del mercado monetario

Los fondos del mercado monetario (MMF) son fondos de inversión que invierten en instrumentos de deuda a corto plazo y bajo riesgo, como los seguros del Tesoro. Al igual que los fondos de inversión, reúnen el dinero de múltiples inversores para invertirlo en una cartera diversificada administrada por profesionales. Los MMF se abren a través de un proveedor de fondos de inversión o una agencia de valores. Gracias a su gestión profesional y su diversificación, ofrecen una rentabilidad potencial más alta que las cuentas de ahorro, pero los rendimientos dependen de los tipos de interés.

4. Seguros del Tesoro de EE. UU.

Los seguros del Tesoro de EE. UU. (bonos del Tesoro) son valores públicos a corto plazo que se venden con descuento y vencen a su valor nominal. Los bonos del Tesoro, que se compran directamente a través de Treasury Direct o de una agencia de valores, están respaldados por el Gobierno de EE. UU. y están prácticamente libres de riesgo. También están exentos de impuestos estatales y locales. Sin embargo, históricamente ofrecen rendimientos más bajos que las acciones o los fondos de inversión y tienen un potencial de crecimiento limitado para los inversores a largo plazo.

5. Fondos de inversión en acciones

Estos fondos utilizan el dinero agrupado de los inversores para comprar una cartera diversificada de acciones, con el objetivo de obtener un crecimiento a largo plazo. Tú puedes invertir en un fondo bursátil a través de una cuenta de corretaje o directamente con empresas de fondos de inversión como Fidelity o Vanguard. Las ventajas incluyen rendimientos potenciales más altos que las inversiones de renta fija y una gestión y diversificación profesionales, pero hay que tener en cuenta algunas desventajas: la volatilidad del mercado puede provocar pérdidas, y las tarifas y los coeficientes de gastos reducen los rendimientos.

6. Fondos que cotizan en la bolsa

Los fondos que cotizan en bolsa (ETF), que se compran a través de cuentas de corretaje, son fondos de inversión que cotizan en las bolsas de valores y contienen una combinación de activos, como acciones, bonos y materias primas. Cuando compras ETF, tu cartera incluirá una variedad de empresas y sectores. La ventaja es que, si una empresa obtiene malos resultados, no arruinará tu cartera, ya que otras empresas pueden estar obteniendo buenos resultados. Al igual que las acciones, los ETF son fáciles de negociar, pero también, al igual que las acciones, sus precios fluctúan.

7. Acciones y bonos individuales

Invertir directamente en acciones y bonos te permite adaptar tu cartera a tus preferencias. Las acciones son un tipo de valor que representa la propiedad de una empresa y que da derecho al titular a una parte de los beneficios y activos de la misma (Consulta el Anexo 1: Curso intensivo sobre el mercado de valores para obtener más información sobre cómo funciona el mercado de valores). Un bono es una inversión de renta fija. Es un título de deuda emitido por el gobierno o una empresa a cambio del dinero que tú les prestas, con pagos de intereses periódicos.

Las acciones pueden proporcionar altos rendimientos, pero conllevan un alto riesgo debido a la volatilidad del mercado. Los bonos ofrecen ingresos estables y un riesgo menor, pero también ofrecen rendimientos más bajos. Puedes comprar acciones y bonos a través de un corredor de bolsa en línea o un asesor financiero.

8. Criptomonedas

Las monedas digitales como Bitcoin y Ethereum ofrecen alternativas descentralizadas a las monedas tradicionales. Puedes abrir una cuenta en una plataforma de intercambio de criptomonedas, como Coinbase o Binance, y comprar activos digitales. Si bien las criptomonedas ofrecen la posibilidad de obtener altos rendimientos, también conllevan una volatilidad extrema y un riesgo de pérdida. Además, existe una falta de regulación y la posibilidad de estafas. Para ver cómo se comparan estas opciones de inversión con una cuenta de ahorros, consulta lo siguiente:

A la hora de considerar las opciones de inversión, ten en cuenta tus objetivos y tu horizonte temporal: las cuentas de ahorro y los certificados de depósito son adecuados para objetivos a corto plazo, mientras que los fondos de inversión, los bonos del tesoro, ETF y las acciones son más adecuados para el crecimiento a largo plazo. Ten en cuenta también tu tolerancia al riesgo. Los inversores conservadores pueden preferir los bonos del Tesoro o los fondos del mercado monetario, mientras que los inversores con tolerancia al riesgo pueden explorar las acciones o las criptomonedas.

Por último, asegúrate de diversificar. Combinar

varios tipos de inversión puede equilibrar el riesgo y la rentabilidad. Si bien una cuenta de ahorro es valiosa por su accesibilidad y estabilidad, diversificar en opciones de mayor rendimiento puede mejorar significativamente el crecimiento de los ahorros a lo largo del tiempo. Cada opción tiene su lugar, dependiendo de tus objetivos financieros, horizonte temporal y disposición al riesgo.

Crecimiento exponencial

¿Cuánto debes invertir? Todo depende de tus objetivos, por supuesto, pero en general, debes invertir todo lo que puedas. Cuanto más inviertas, más ganarás, ya que tu dinero crecerá exponencialmente. Una buena opción es comprometer una cantidad fija de dólares de cada nómina para invertir. Puedes determinar esta cantidad a partir del presupuesto que hiciste en el capítulo 2.

Warren Buffett, presidente jubilado de Berkshire Hathaway, ha amasado una fortuna de más de 154 000 millones de dólares (hasta el 2025). Su camino hacia la riqueza comenzó a una edad temprana, cuando empezó a invertir en el mercado de valores tras descubrir el poder del interés compuesto.

En la biografía de Buffett escrita por Alice Schroeder, *The Snowball* (*La Bola de Nieve*), ella explica que Buffett aprendió sobre el interés compuesto cuando solo tenía diez años. Había leído un libro que ilustraba cómo 1000 dólares podían convertirse en una fortuna. Aprendió que 1000 dólares que ganaran un 10 % de interés valdrían:

- 1600 dólares en 5 años

- 2600 dólares en 10 años
- 10 800 dólares en 25 años
- 117 400 dólares en 50 años

Schroeder dijo que Buffett «podía imaginar las cifras compuestas tan vívidamente como la forma en que crecía una bola de nieve cuando la hacía rodar por el césped». Tan pronto como Buffett aprendió sobre el interés compuesto, comenzó a pensar de manera diferente sobre el dinero. «Si un dólar de hoy iba a valer diez dentro de unos años, entonces, en su mente, los dos eran lo mismo».[4] El joven Buffett decía cosas como: «¿De verdad quiero gastar 300 000 dólares en este corte de pelo?». Para Buffett, unos pocos dólares gastados eran un desperdicio porque esos pocos dólares no podían acumularse. Schroeder escribió que cuando Buffett compró su casa en Omaha por 31 500 dólares a finales de sus veinte años, la llamó «la locura de Buffett», porque «en su mente, 31 500 dólares eran un millón de dólares después de la capitalización».[5]

Cómo funciona el interés compuesto

El interés compuesto es simplemente ganar intereses sobre tu inversión y sobre los intereses que tu inversión ha generado. Cuanto más tiempo esté invertido tu dinero, más tiempo tendrá para acumularse. Buffett llama a este principio la «técnica de Matusalén», en referencia al

---

[4] Alice Schroeder, *The Snowball: Warren Buffett and the Business of Life* (New York: Bantam Books, 2009), 60-61.
[5] Schroeder, *The Snowball*, 187-188.

hombre más viejo que aparece en la Biblia (Génesis 5:27). Según la técnica de Matusalén, acumular riqueza no solo depende de cuánto crezca el dinero que inviertes, sino también del tiempo durante el que crece. Cuanto más tiempo le dediques a tu dinero, más se multiplicará.

Imagina a un joven que invierte 2000 dólares al año durante ocho años. Su inversión total ascendería a 16 000 dólares. Teniendo en cuenta que un rendimiento del 12 % se considera un crecimiento agresivo y conlleva mucho riesgo, así es como quedaría su inversión a lo largo de 40 años con un tipo de interés del 12 %:

AÑO	INVERSIÓN	SALDO
1	2 000	2 240
2	2 000	4 749
3	2 000	7 558
4	2 000	10 706
5	2 000	14 230
6	2 000	18 178
7	2 000	22 599
8	2 000	27 551
9	0	30 857
10	0	34 560
11	0	38 708
12	0	43 352
13	0	48 554
14	0	54 381
15	0	60 907
16	0	68 216

17	0	76 802
18	0	85 570
19	0	95 383
20	0	107 339
21	0	120 220
22	0	134 646
23	0	150 804
24	0	168 900
25	0	189 168
26	0	211 869
27	0	237 293
28	0	265 768
29	0	297 660
30	0	333 385
31	0	373 385
32	0	418 191
33	0	468 374
34	0	524 579
35	0	587 528
36	0	658 032
37	0	736 995
38	0	825 435
39	0	924 487
40	0	1 035 425

Ese joven, con una inversión de solo 16 000 dólares y suponiendo un rendimiento anual del 12 %, tendría más de 1 000 000 de dólares disponibles cuando sea mayor. Ahora imagina si dedica mucho más al año y se mantiene fiel a esa estrategia de inversión a lo largo de su vida. Acumulará una gran fortuna.

La técnica Matusalén no tiene favoritos. Es un principio basado en el tiempo y la disciplina, y funciona tanto si ganas el salario mínimo como si tienes unos ingresos de seis cifras. Con paciencia y autocontrol, incluso las pequeñas inversiones pueden generar una gran riqueza. Y, por supuesto, con inversiones más grandes, disfrutarás de mayores dividendos.

Antes de realizar una compra, piensa en lo que podrías conseguir con ese dinero si se multiplicara durante décadas. Por ejemplo, podrías sentir la tentación de comprar el último y mejor teléfono móvil por 1000 dólares. Pero, en esencia, con el interés compuesto, podrías estar perdiendo una inversión de 117 400 dólares. Si empiezas a ver tus compras a través del prisma del interés compuesto, estarás menos dispuesto a gastar ese dinero y más dispuesto a invertirlo en tu futuro.

Cómo empezar a invertir con una pequeña inversión inicial

Hoy en día existen muchos corredores en línea que te permiten abrir una cuenta sin requisitos mínimos. Antes, era necesario contar con una suma inicial —por ejemplo, 2 500 dólares— para abrir una cuenta en una firma de corretaje. Ahora, puedes hacerlo con tan solo 50 dólares.

Hay varias plataformas de inversión en línea que facilitan este proceso, como Betterment (www.betterment.com) y Robinhood (www.robinhood.com)

Esto no significa que se recomienden específicamente estas empresas, sino que sirven como ejemplo de los tipos de servicios que permiten a nuevos inversionistas comenzar con montos pequeños.

Obviamente, a medida que tu cuenta crezca y tu patrimonio aumente, querrás evaluar si te conviene más contar con un asesor financiero que seguir manejando todo por tu cuenta.

Abrir una cuenta

Abrir una cuenta en una empresa de inversión en línea es sencillo, y la mayoría de las empresas ofrecen aplicaciones que te permiten crear cuentas y realizar transacciones desde tu teléfono, tableta u ordenador.

Puedes elegir entre varios tipos de cuentas, incluyendo cuentas individuales sujetas a impuestos, cuentas Roth IRA (cuenta de jubilación individual donde las contribuciones se hacen con dinero después de impuestos.), cuentas IRA (cuenta de ahorros para la jubilación) tradicionales e incluso cuentas fiduciarias, dependiendo de tus objetivos y del nivel de riesgo que estés dispuesto a asumir.

Selección de una cartera

Cuando inviertes en una empresa de comercio en línea, tienes la opción de comprar acciones de empresas individuales o invertir en una cartera diversificada de fondos que cotizan en bolsa (ETF) de bajo costo.

El problema de invertir solo en una empresa o sector

es el riesgo de poner todos los huevos en la misma cesta. Tu inversión puede sufrir un gran revés si la empresa obtiene malos resultados o quiebra. El rey Salomón dijo: «*Reparte a siete, y también a ocho; porque no sabes qué mal vendrá sobre la tierra*» (Eclesiastés 11:2).

Diversificar tus inversiones te ayuda a protegerte de desastres inesperados, ya que repartes tu dinero entre varias inversiones.

Cuando inviertes en un ETF, puedes hacer transacciones por importes exactos en dólares (por ejemplo, 25 dólares). No podrás seleccionar una empresa concreta en la que invertir, pero podrás establecer el nivel de riesgo que desees. En función del nivel de riesgo que indiques, la empresa en línea te recomendará una cartera y gestionará la compra y venta de fondos para ti en esa cartera.

Invertir de forma ética

Cuando comienza tu trayectoria como inversionista, tu objetivo natural es ver crecer tu dinero. Pero como cristiano, invertir sabiamente significa más que obtener ganancias financieras. También significa honrar a Dios con tus recursos. No todas las oportunidades rentables están en consonancia con la administración piadosa. Algunas empresas pueden ofrecer altos rendimientos y, al mismo tiempo, apoyar prácticas o valores que van en contra de tus convicciones cristianas.

Todo creyente en Cristo debe tener en cuenta la ética de la inversión cuando invierte dinero en el mercado de valores. Dado que nuestras inversiones proporcionan dinero a las empresas que cotizan en bolsa, conocer de antemano sus políticas y productos puede ayudarnos a tomar decisiones informadas.

La Biblia nos llama a honrar a Dios con nuestra riqueza (Proverbios 3:9), y eso incluye elegir inversiones que promuevan los principios bíblicos y abstenerse de invertir en empresas que promuevan actividades inmorales y anticristianas, incluso si esas empresas son rentables. Los creyentes deben procurar que sus inversiones estén en consonancia con sus valores espirituales y morales, por ejemplo, evitando las empresas que apoyan el aborto, el entretenimiento para adultos, los juegos de azar, las drogas recreativas, el activismo LGBTQ+ (por ejemplo, las empresas que promueven agendas contrarias al matrimonio y la sexualidad bíblicos), los abusos de los derechos humanos y otros comportamientos claramente poco éticos.

Aunque nuestro propósito en este capítulo no es señalar a empresas concretas, mencionar algunas de ellas y sus actividades le ayudará a comprender algunos de los dilemas éticos a los que se enfrentará cuando decida invertir con sabiduría divina. A continuación, se presentan ejemplos de empresas que participan en comportamientos contrarios a los valores cristianos conservadores:

MAC Cosmetics, propiedad de la Empresas de Estée Lauder ha aportado más de 2 millones de dólares a organizaciones como Planned Parenthood y a eventos y actividades de defensa de los derechos LGBTQ+.

En 2016, Target emitió un comunicado en el que animaba a sus empleados y clientes a utilizar los baños y probadores que correspondieran a su «identidad de género», que puede no coincidir con su género biológico. Esta política formaba parte del compromiso más amplio de Target con la inclusión y el apoyo a los derechos LGBTQ+, lo que entran en conflicto con los valores cristianos tradicionales.

A veces, las acciones de una empresa no son fáciles de evaluar. Amazon se ha comprometido públicamente a cubrir los gastos de viaje de las empleadas que deseen abortar, pero en 2024 donó 150 000 dólares a la Asociación Republicana de Fiscales Generales, que apoyó a un candidato que abogaba por la prohibición total del aborto. Esta donación se ha considerado contradictoria con la plataforma proabortista declarada de Amazon.

Todo inversionista es responsable ante Dios por la forma en que ha administrado los recursos que Él le ha dado. Estas decisiones, a veces complejas, requieren discernimiento espiritual y conciencia moral basados en la Palabra de Dios.

Las Escrituras nos ofrecen varios ejemplos trágicos de personas que no mantuvieron los estándares morales, lo que resultó en esfuerzos inmorales y consecuencias drásticas. Cuando los israelitas entraron en la tierra prometida, Dios les ordenó que expulsaran a todos los cananeos para que no codiciaran sus riquezas ni se vieran atrapados por sus prácticas idólatras (Deuteronomio 7:1-26). Los israelitas no obedecieron. Pensaron que era económicamente ventajoso someter a los cananeos a trabajos forzados en lugar de expulsarlos.

Esta desobediencia fue un catalizador de continuos problemas a lo largo de su historia (Jueces 1:28-2:5).

El piadoso rey Josafat hizo una alianza con Acab y Ocozías, reyes malvados de Israel, esperaban obtener poder económico y militar, pero Dios hizo evidente su ira cuando destruyó la inversión naviera de Josafat (2 Crónicas 20:31-37). Más tarde, los judíos de Jerusalén intentaron sacar provecho de los negocios realizados en el sábado, ignorando por completo la Ley de Dios. Es posible que hubieran provocado graves consecuencias por parte de Dios si Nehemías no hubiera intervenido, enfatizando que Dios es una mejor fuente de bendición que los negocios que violan Su Palabra (Nehemías 13:15-22).

Habacuc reprendió a aquellos que desarrollaban ciudades sin tener en cuenta la justicia o el trato humano hacia los demás. Dijo: «¡Ay del que edifica una ciudad con sangre y funda una ciudad sobre la iniquidad!». (Habacuc 2:12). Esta es una fuerte advertencia contra el lucro de la injusticia. Aunque las Escrituras no abordan específicamente este tema, debemos tener cuidado de no invertir en empresas e industrias que se dedican explícitamente a prácticas poco éticas e inmorales.

Por último, el apóstol Pablo advirtió a los creyentes que no se encerrasen en relaciones personales y comerciales con los no creyentes, un principio que puede aplicarse a las inversiones financieras. Él dijo: «*No se unan en yugo desigual con los no creyentes. Porque ¿qué compañerismo tiene la rectitud con el desorden? ¿Qué comunión tiene la luz con las tinieblas?*» (2 Corintios 6:14). Aunque no se refiere directamente a las inversiones, la enseñanza de Pablo nos llama a ser conscientes de las asociaciones, incluidas las financieras. Te recomendamos encarecidamente que no te unas en yugo desigual con empresas que se oponen a los valores bíblicos y a la vida evangélica.

El desafío de encontrar inversiones adecuadas

Como cristianos que buscamos invertir de una manera que se ajuste a nuestras convicciones morales y bíblicas, nos enfrentamos a un reto importante: ninguna empresa es totalmente «limpia». Si analizamos cualquier negocio con suficiente profundidad, es probable que descubramos prácticas, asociaciones, propietarios o políticas que entran en conflicto con los valores bíblicos. Incluso las empresas que parecen neutrales a simple vista pueden estar indirectamente vinculadas a actividades cuestionables a través de cadenas de suministro, prácticas laborales, donaciones corporativas o estrategias de mercadotecnia.

Algunas industrias que generalmente se perciben como neutrales son:

- Tecnología: empresas de software, fabricantes de hardware y servicios de internet.

- Bienes de consumo: empresas que producen alimentos, ropa y artículos para el hogar.

- Transporte: aerolíneas, logística y empresas automovilísticas.

- Fabricación industrial: construcción, ingeniería, equipamiento y producción.

Aunque estas industrias no son intrínsecamente inmorales, algunas empresas que operan en ellas pueden participar en prácticas que entran en conflicto con los principios cristianos, como apoyar condiciones laborales poco éticas, promover agendas contrarias a los valores bíblicos o participar en tácticas comerciales engañosas.

También debemos lidiar con nuestras propias convicciones y contradicciones. Todo creyente se enfrentará a momentos en los que sus convicciones se vean desafiadas por las complejidades de la economía moderna. Un ejemplo de mi propia vida (D. J.) ilustra esta lucha.

Hace años, invertí en Phillip Morris, un importante fabricante de productos de tabaco, pero pronto me sentí culpable por ello. El tabaco es una de las principales causas de cáncer, enfermedades cardíacas y otros problemas de salud, y el daño innegable que causa me llevó a cuestionarme si debía o no beneficiarme económicamente de algo tan destructivo.

Sin embargo, esta convicción me planteó una pregunta más profunda: ¿dónde trazo la línea? Una de mis figuras históricas favoritas y fuentes de inspiración teológica es Charles Spurgeon, un predicador del siglo XIX conocido por sus apasionados sermones y su profundo conocimiento de la Biblia. Spurgeon también fumaba puros ocasionalmente y defendía esta práctica cuando era criticado. Aunque venero sus enseñanzas y su fidelidad a Cristo, no estoy de acuerdo con su postura sobre el tabaco.

Esto plantea un dilema importante: ¿cómo conciliamos la admiración por la fe y la sabiduría de alguien con nuestro desacuerdo con aspectos de sus decisiones personales? La misma pregunta se aplica a la inversión. Si decidimos no invertir en un sector por motivos morales, ¿significa eso que debemos examinar con el mismo rigor a todas las empresas con las que trabajamos? ¿En qué momento esto se convierte en un estándar imposible?

Lidiando con la tensión

La realidad es que vivimos en un mundo caído, y la pureza absoluta en las inversiones o en cualquier actividad económica es, en el mejor de los casos, un desafío y, en el peor, inalcanzable. Aunque debemos esforzarnos por honrar a Dios con nuestras decisiones financieras, también debemos reconocer la complejidad de los negocios modernos. La clave está en establecer principios claros y aplicarlos de manera coherente, dejando espacio para la gracia y la sabiduría.

En mi caso, cuestionar mis inversiones en la industria tabacalera se basó en el daño directo e innegable que causa. También trato de evitar las empresas e industrias que violan descaradamente la Palabra de Dios y dañan a su pueblo. Otros pueden trazar sus propias líneas, negándose a obtener beneficios de industrias que consideran poco éticas o eligiendo evitar empresas que financian determinadas causas políticas o sociales o que explotan a los trabajadores. Algunos cristianos pueden incluso optar por fondos indexados de mercado más amplios, razonando que están invirtiendo en la economía en su conjunto, en lugar de respaldar a todas las empresas que la componen.

Sin embargo, si eres es un inversor típico y sencillo que trabaja para pagar las facturas y trata de ahorrar algo de dinero para la jubilación en una cuenta IRA o 401(k), es posible que no tengas el tiempo o la capacidad para investigar todas las empresas vinculadas a sus vehículos de inversión. Además, obsesionarse demasiado con trazar líneas morales puede hacerte más frenético y fanático que fiel y frugal. Sé prudente, cuidadoso, pero razonable. En última instancia, cada creyente debe buscar la guía del Señor, estudiar las Escrituras y tomar decisiones de inversión con oración y buena conciencia. El objetivo no es la perfección legalista, sino la fidelidad a Dios en todos los ámbitos de la vida, incluidas las finanzas.

La siguiente discusión te ayudará a crear pautas para invertir que respeten tus creencias y convicciones bíblicas.

Inversión bíblicamente responsable

La inversión bíblicamente responsable (BRI, por sus siglas en inglés) es un enfoque de inversión que alinea las decisiones financieras con los valores cristianos, lo que ayuda a garantizar que las inversiones honren a Dios y respalden principios éticos basados en la fe. Si bien es imposible garantizar que las empresas sean 100 % éticas, creemos que los creyentes, según su leal saber y entender, deben apoyar a las empresas que promueven los valores familiares y las prácticas comerciales éticas, defienden los principios bíblicos en su liderazgo y operaciones, demuestran equidad en el trato a empleados y clientes, y participan en iniciativas caritativas basadas en la fe.

Al crear tu cartera, puedes utilizar filtros de inversión basados en la fe, como Inspire Insight (inspireinsight.com), para ayudarte. Inspire Insight filtra las empresas basándose en valores cristianos. Es una herramienta gratuita en línea que proporciona acceso a datos sobre valores bíblicos de más de 24 000 acciones, fondos de inversión y fondos cotizados (ETF).

Otros filtros en línea son Timothy Plans Fund (timothyplan.com) y Eventide Funds (eventidefunds.com). Estas herramientas pueden ayudarle a encontrar empresas que no participen explícitamente en conductas inmorales. Decimos «explícitamente» porque, en la mayoría de los casos, no se hacen públicos los estilos de vida, los comportamientos éticos y las creencias religiosas de los miembros del consejo de administración y los directivos de estas empresas.

Si invierte directamente en acciones individuales, es conveniente investigar empresas específicas. Investiga las políticas, las donaciones políticas y los valores corporativos de la empresa, ya que todo ello te ayudará a comprender su carácter corporativo. Sitios web como Morningstar, Yahoo Finance y las páginas de relaciones con los inversores proporcionan información útil. En el caso de los fondos de inversión y los ETF, revisa las participaciones del fondo para asegurarte de que se ajustan a tus valores.

Invertir en materias primas como el oro y la plata puede ser compatible con una inversión bíblicamente responsable, ya que estos activos se consideran generalmente moralmente neutros. Sin embargo, es esencial abordar estas inversiones con cautela y prudencia, asegurándote de que formen parte de una estrategia de inversión diversificada y prudente. Considera una combinación de clases de activos, incluyendo fondos mutuos que cumplan con los criterios BRI (respeto mutuo por la soberanía e integridad territorial de cada uno), ETF y, si procede, materias primas como el oro y la plata, para garantizar una cartera equilibrada y diversificada.

También es útil consultar con un gestor patrimonial o un asesor financiero, especialmente uno con experiencia en BRI. Un asesor financiero puede trabajar con usted para diseñar una estrategia de inversión que se ajuste a sus creencias y objetivos financieros.

Lo más importante es orar por sabiduría y discernimiento. Como creyentes, debemos buscar la sabiduría de Dios en todas nuestras decisiones (Proverbios 3:5-6). Pide discernimiento para seleccionar inversiones que honren a Dios y estén en consonancia con tus valores. Antes de empezar a invertir, te sugerimos que, con cuidado y en oración, crees tus propias pautas sobre en qué invertirás y en qué no, basándote en tus convicciones espirituales. Recuerda que tus objetivos de inversión deben estar arraigados en el reino de Dios, no en el tuyo. Esta perspectiva te ayudará a tomar decisiones guiadas por tu fe y tus valores, reforzando la administración piadosa.

Consejos para nuevos inversores

Al cerrar este capítulo, quiero compartir el mismo

consejo que he dado a los nuevos inversores durante más de treinta y cinco años. Al ayudar a las personas a gestionar y hacer crecer su patrimonio, he visto cómo estos principios pueden conducir al éxito duradero de aquellos que buscan administrar los recursos que Dios les ha confiado. Lo siguiente refleja gran parte de lo que hemos discutido en este libro, y espero que revises cuidadosamente las sugerencias que se incluyen a continuación al comenzar tu viaje en el mundo de las inversiones:

1. Define tus objetivos financieros.
Invertir sin objetivos claros es como navegar sin destino. Definir tus objetivos, ya sea para jubilarte, comprar una casa o generar riqueza para tu familia, te da un propósito a tu estrategia de inversión. Es fundamental anotar tanto tus objetivos a corto como a largo plazo (Véase *el recurso 2*). Cuantifícalos si es posible (por ejemplo, 60 000 dólares para el pago inicial en cinco años). Recuerda que tus objetivos financieros deben estar en consonancia con tus responsabilidades espirituales como administrador de los recursos de Dios. Deja que tus objetivos financieros también dejen un legado espiritual para tu familia, tu iglesia y el reino de Dios.

2. Determina tu tolerancia al riesgo.
Tu disposición a soportar las fluctuaciones del mercado determina tu comodidad con los diferentes tipos de inversión. Evalúa tu capacidad emocional y financiera para manejar el riesgo. Los inversores más jóvenes con un horizonte a largo plazo suelen permitirse asumir

más riesgos, mientras que los que están más cerca de la jubilación pueden preferir opciones más seguras.

3. Empieza pronto y aprovecha el interés compuesto.
Cuanto antes empieces, más tiempo tendrán tus inversiones para crecer gracias al interés compuesto. Incluso las aportaciones pequeñas y regulares pueden dar lugar a un crecimiento sustancial con el tiempo.

4. Diversifica tus inversiones.
La diversificación reduce el riesgo al repartir las inversiones entre diferentes clases de activos, sectores y regiones geográficas. Es importante crear una cartera equilibrada que incluya acciones, bonos, fondos de inversión, ETF e inversiones alternativas. Esta diversificación es fundamental, ya que si, por ejemplo, las acciones tecnológicas pierden valor, tener otras acciones o inversiones en bonos podría amortiguar tus pérdidas.

5. Céntrate en el crecimiento a largo plazo, no en las ganancias a corto plazo.
Las reacciones emocionales ante las fluctuaciones del mercado pueden llevar fácilmente a tomar decisiones erróneas, como vender por pánico o comprar por impulso. Aquí se aplica un dicho muy conocido: «El tiempo en el mercado es más importante que el momento en el mercado». Mantén el rumbo y evita tomar decisiones impulsivas basadas en el miedo o la codicia. Recuerda que, históricamente, el mercado de valores ha tenido una tendencia al alza a lo largo del tiempo. Al centrarte en el crecimiento a largo plazo, tu deseo

de obtener inversiones rentables no puede contradecir tu responsabilidad como creyente que afirma tener el fruto del Espíritu: fe, paciencia y dominio propio. Dios no honrará ni siquiera las estrategias de inversión más astutas si se hacen a expensas del carácter cristiano.

6. Mantén un fondo de emergencia.

Invertir nunca debe hacerse a expensas de la seguridad financiera. Los gastos inesperados pueden obligarte a liquidar tus inversiones prematuramente, lo que podría suponer una pérdida. Es aconsejable mantener entre 6 y 12 meses de gastos de manutención en una cuenta de ahorros u otra opción líquida y de bajo riesgo, por si se produce una pérdida de empleo o una emergencia. Como norma general, invierte solo el dinero que no vayas a necesitar a corto plazo.

7. Supervisa y reequilibra tu cartera.

Con el tiempo, las fluctuaciones del mercado pueden hacer que tu cartera se desvíe de su asignación objetivo, lo que aumentaría tu exposición al riesgo. Revisa periódicamente tu cartera y reequilibrala si es necesario para alinearla con tu estrategia original. Por ejemplo, si tu asignación objetivo es del 70 % en acciones y del 30 % en bonos, un mercado alcista podría cambiarla al 80 % en acciones. El reequilibrio restaura la estabilidad y mitiga el riesgo.

8. Trabaja con un asesor de confianza.

Un gestor patrimonial cualificado puede ayudarte a tomar decisiones financieras, adaptar estrategias a tus objetivos, rendir cuentas y garantizar que tus decisiones financieras se ajusten a tus valores cristianos. Revisa periódicamente tu progreso con tu asesor y ajuste las estrategias a medida que cambien tus objetivos o circunstancias vitales.

9. Mantente fiel a tu plan de ahorro e inversión.
Comprometete y no permitas que nada te desvíe de tu camino. Salomón dijo: «*Los planes de los diligentes conducen ciertamente a la abundancia*» (Proverbios 21:5). Fíjete en la palabra «ciertamente». Si eres diligente y te mantienes fiel a tu plan de ahorro e inversión, tendrás éxito. Si eres precipitado e impetuoso, correrá un mayor riesgo de sufrir pérdidas: «*Todo el que es precipitado solo llega a la pobreza*» (Proverbios 21:5). Seguir estos principios te ayudará a crear una cartera que crezca de forma sostenible y se ajuste a tus objetivos vitales.

Para terminar, al invertir y hacer que cada dólar se multiplique, debes ser paciente y constante. Dado que los nuevos inversores tienden a revisar sus cuentas de cartera todos los días, a menudo se sienten frustrados por lo que podría parecer un crecimiento lento. No permitas que la frustración te lleve al descontento y a tomar malas decisiones. Se paciente. Las buenas inversiones son aburridas. Está atento a tu inversión, amplíala y déjala crecer con el tiempo.

Recuerda entregarlo todo al Señor en oración. Si tus inversiones te roban la paz y la dependencia de Dios, entonces tus prioridades están desordenadas. Si te sientes inquieto por el estrés, la impaciencia, la preocupación, la ansiedad, la codicia o la obsesión, entonces el enemigo te está derrotando emocional y espiritualmente a pesar de los resultados de tus inversiones. Dios no honrará eso. El dinero puede ser una bendición lucrativa o una maldición devastadora. «*Confía en el Señor y haz el bien. Deléitate en el Señor, y él te concederá los deseos de tu corazón. Encomienda tu camino al Señor; confía en él, y él actuará… Mejor es lo poco que tiene el justo que la abundancia de muchos malvados*» (Salmo 37:3-5, 16). Al tomar esta cuarta decisión, *invertiré los recursos que Dios me ha confiado y haré que cada dólar se multiplique*, no seas como el siervo que enterró su dinero en la tierra. Sé un administrador cuidadoso y diligente, «*aprovechando al máximo el tiempo*» *(*Efesios 5:16) en todas las cosas, incluso *en* las decisiones de inversión. Los días son malos y el tiempo pasa rápidamente, así que cuida tus recursos de manera responsable antes de que regrese el Maestro.

Capítulo 5

Libérate para estar libre de deudas

Pagad a todos lo que les debéis...
No debáis nada a nadie.
– Pablo (Romanos 13:7-8)

Hasta este punto, hemos explorado principios esenciales sobre el ahorro e inversión. Ha llegado el tiempo ahora de confrontar una de las amenazas más grandes a la salud financiera - la deuda. El crédito nos permite convenientemente realizar compras usando dinero que no tenemos. Endeudarse es demasiado fácil, pero salir de ello es sobremanera difícil.

La deuda es una de las cargas más comunes y agobiantes que soportan la gente La presión de deber más de lo que podemos pagar es motivo de noches de insomnio, matrimonios tensos, oportunidades perdidas y estrés abrumador. Nuestra cultura nos dice que la deuda es normal, incluso necesaria, pero Dios nos llama a un camino mejor.

La Escritura presenta de manera constante la deuda

como una forma de esclavitud. Salomón escribió: «*El rico se enseñorea de los pobres, y el que toma prestado se hace siervo del que presta*» (Proverbios 22:7). Dios quiere que Su pueblo viva en libertad, no en servidumbre financiera. Según Pablo, lo único que debemos deber a los demás es el amor, pues ese es un compromiso permanente: «*No tengan deudas pendientes con nadie, a no ser la de amarse unos a otros; porque el que ama a su prójimo ha cumplido la ley*» (Romanos 13:8).

Aunque no todas las deudas son evitables, lo más sensato es alejarse de la dependencia del dinero prestado y adoptar un estilo de vida disciplinado. La decisión que tomarás en este capítulo es difícil, pero te aportará tranquilidad y te dará la fuerza necesaria para vivir con generosidad y sentido.

DECISIÓN 5: Evitaré las deudas malas a toda costa.

No puedes lograr un progreso real sin una actitud de «cero tolerancia» hacia las deudas malas y las compras a crédito, así que veamos algunas formas prácticas de implementar esta decisión.

1. Deja de convertir las deudas incobrables en una forma de vida.

Quizás te preguntes por qué de repente añadimos «mala» delante de deuda. ¿No son todas las deudas malas? La realidad es que hay deudas buenas y deudas malas. Es necesario que conozcas la diferencia entre ambas y por qué debes hacer todo lo posible por evitar las deudas malas.

Deuda buena – La deuda buena puede jugar a tu favor y ayudarte a aumentar tus ingresos futuros. Un préstamo para un negocio puede generar riqueza a largo plazo; un préstamo estudiantil puede abrirte las puertas a una carrera mejor y más rentable; y una inversión en bienes raíces puede generar capital y aumentar tu patrimonio. La deuda buena es aquella que se paga sola, como una propiedad en alquiler que cubre la cuota mensual de la hipoteca con el dinero del alquiler y, además, deja un flujo de efectivo positivo.

Deuda mala – La deuda mala es la deuda de consumo. Es mala porque le roba a tu "yo del futuro" para pagar tu estilo de vida actual. Las tarjetas de crédito pueden ser muy dañinas si estás tratando de construir riqueza: suelen fomentar las compras impulsivas, y los altos intereses hacen que termines pagando mucho más de lo que pensabas. Los préstamos para autos son parecidos, porque te animan a comprar un vehículo que en realidad no puedes costear. Los préstamos de día de pago o adelantos en efectivo son los peores, ya que suelen tener tasas de interés que pueden llegar hasta el 300 % anual.

Cuando permites que la deuda se convierta en una forma de vida, se vuelve difícil —si no imposible— generar riqueza. La deuda te cuesta dinero: pagas un precio en forma de intereses. En otras palabras, terminas trabajando para tus acreedores; te conviertes tú mismo en la inversión que enriquece a otros.

Lamentablemente, vivimos rodeados de ejemplos de malas decisiones financieras. Los gobiernos operan con déficits tan grandes que la deuda acumulada en las últimas décadas parece imposible de saldar. Los medios y la publicidad nos tientan con productos de consumo cuyos costos reales se ocultan tras opciones de pago "fáciles", apelando a nuestro deseo de gratificación inmediata. Y el fácil acceso a las redes sociales alimenta la envidia y la imitación: queriendo parecernos a quienes seguimos y admiramos, terminamos gastando, actuando y vistiéndonos como ellos. Todo esto prepara el terreno para malas decisiones económicas que conducen a la deuda mala.

Decide hoy no ser deudor. Deja de usar tarjetas de crédito, y ni se te ocurra comprar esa camioneta si no puedes pagarla al contado.

2. Compra siempre los productos de consumo en efectivo. ¡Siempre!

Como regla de vida, no compres a crédito nada que se deprecie. Si estás acostumbrado a comprar cosas a crédito, es hora de hacer algunos cambios fundamentales en tu comportamiento.

Utiliza dinero en efectivo tanto para compras pequeñas como grandes. Por ejemplo, si estás pensando en comprar un coche, no hay necesidad de endeudarte para hacerlo. Ahorra tu dinero, compra un vehículo que esté dentro de tus posibilidades y paga en efectivo. Sí, es cierto que se siente bien conducir un coche nuevo. Comprar cosas nuevas tiende a provocarnos una gran emoción, y un coche nuevo sin duda impresionará a tus amigos. Pero si pides un préstamo para comprarlo, estarás enriqueciendo al inversor bancario, no a ti mismo. Y tan pronto como conduzcas tu coche nuevo a casa, su valor se depreciará en miles de dólares. Así que ahorra, compra un buen coche de segunda mano y te ahorrarás miles de dólares en intereses.

Paga los productos de consumo en efectivo siempre que sea posible. Todo el sector crediticio, como los bancos y las compañías de tarjetas de crédito, se beneficia apostando a que no podrás resistirte a comprar bienes de consumo y pagarles intereses innecesarios. ¡Pero tú *puedes* resistirte!

Las compañías de tarjetas de crédito gastan enormes cantidades de dinero tratando de atraer a nuevos clientes. Marcas como American Express gastan millones en gastos de mercadotecnia cada año enviando solicitudes por correo a clientes potenciales.

A estas entidades emisoras de tarjetas de crédito no les importas tú ni tu futuro. No te están haciendo ningún favor. Solo se preocupan por ellas mismas y por su futuro. Quieren que utilices sus tarjetas, que mantengas un saldo pendiente, que pagues intereses exorbitantes y que les reportes beneficios. No caigas en su trampa.

Las compañías de tarjetas de crédito son negocios y su objetivo es ganar dinero. No les preocupa tu estabilidad financiera. Tu deuda es un pasivo para ti, pero un activo para ellos. Esto no los convierte necesariamente en malvados, pero tú necesitas sabiduría y comprensión de cómo operan para poder evitar la trampa de la deuda que podría paralizarte durante años y restar valor a tu patrimonio potencial.

3. Disciplínate para comprar sólo cosas que necesitas.

Comprar cosas puede ser emocionante, y parte de la emoción de hacer compras con tarjeta de crédito es que eliminan el dolor inmediato de desprenderse de tu dinero. Retrasar el pago elimina la resistencia natural a realizar la compra.

Un estudio reciente indica que comprar a crédito no solo alivia las inhibiciones del comprador, sino que fomenta activamente las compras. Según el estudio, cuando la gente compra con tarjetas de crédito y ve un producto que le gusta, la red neuronal del cerebro que produce una sensación de recompensa se activa y parece crear un deseo de gastar.

El estudio demostró que los compradores se sienten más recompensados cuando compran con tarjetas de crédito que con dinero en efectivo. Aún más preocupante es que su cerebro se condiciona para gastar. Con el tiempo, tras repetidas compras con tarjeta de crédito, el cerebro comienza a asociar las compras con tarjeta de crédito con el placer y la anticipación.[6]

Cuando haces compras con dinero en efectivo, sientes la reducción en tu cuenta bancaria. La experiencia de comprar a crédito te da una sensación de placer, como si estuvieras obteniendo algo a cambio de nada. Puede que te sientas bien en ese momento, pero cuando todos tus gastos te atrapan, dejándote con un gran saldo en la tarjeta de crédito, duele.

No nos gusta escuchar la palabra «no». Incluso en

---

6   Cheryl Winokur Munk, "How Credit Cards Affect Our Brains - and Our Spending", *Wall Street Journal*, 1 de mayo de 2021, https://www.wsj.com/finance/investing/how-credit-cards-affect-our- brainsand-our-spending-11619888401

la infancia, la reconocemos y la entendemos, y siempre es inquietante y dolorosa. Y es aún más difícil decirnos «no» a nosotros mismos. Es una lucha a la que nos enfrentamos cuando intentamos desarrollar las virtudes de la disciplina y el autocontrol.

Los administradores piadosos saben decir «no» a las cosas que realmente no necesitan. También saben que ciertos lujos, como barcos, motos acuáticas, vehículos recreativos y vehículos todoterreno, requieren espacio de almacenamiento, seguro y mantenimiento, costos que van más allá del precio de compra. Los buenos administradores se preguntan: ¿Esto realmente añade valor y libertad a mi vida, o es solo otra carga?

Mientras buscas la estabilidad financiera y la riqueza, disciplínate para comprar solo las cosas que son esenciales para tu bienestar. Una comida cargada a una tarjeta de crédito puede parecer bueno en el momento, pero si te lleva a una deuda a largo plazo, lo pagarás a la larga.

4. Haz que te resulte difícil utilizar las tarjetas de crédito.
Es fundamental evitar los gastos compulsivos. Las tiendas en linea facilitan las compras compulsivas, especialmente si tienes guardada la información de tu tarjeta de crédito en tu navegador de internet. Lo mejor es desactivar esta función, lo que te obligará a buscar tu tarjeta e introducir toda la información de pago manualmente. Si utilizas la función «One-Click» de Amazon, quizá también te interese desactivarla. La función «Un-Click» es muy cómoda, pero hace que comprar sea demasiado fácil. Seguir el proceso de pago habitual hará que hacer una compra resulte más tedioso.

Esta impulsividad no es algo propio de nosotros. Todos nacemos con una propensión natural a actuar por impulso. Lo heredamos de nuestros primeros padres, Adán y Eva, que no pudieron resistirse a una fruta tentadora. No tuvieron en cuenta las consecuencias eternas del pago de la deuda que se les impondría por desobedecer el mandato de Dios. La serpiente los convenció de que se dieran el gusto ahora y pagaran más tarde, pero ¿cuán grande fue el costo acumulado de consumir ese único producto? Eva fue engañada por sus ojos, su cuerpo, su mente, sus deseos inmediatos y su vulnerabilidad a las influencias malignas (Génesis 3:6).

En general, Adán y Eva fracasaron en la evaluación adecuada de los valores y las consecuencias. Compraron a crédito, pero no tenían los medios para pagar cuando venció la deuda, condenando así a toda la humanidad. Si hubieran confiado en la palabra de Dios y hubieran ejercido el dominio propio, las cosas habrían sido diferentes.

Las tarjetas de crédito, la mala administración del dinero y las compras impulsivas provienen todas de la misma raíz de la codicia. No está mal desear cosas, pero cuando esos deseos dominan nuestros pensamientos y guían nuestras decisiones, tanto el deseo como las acciones que resultan de él son equivocados.

El autocontrol combate la codicia y puede ayudarnos a resistirnos al uso de las tarjetas de crédito. Es una virtud necesaria para la administración piadosa y una defensa contra nuestro adversario, el diablo, que sigue buscando a quienes puede devorar y distraer de ser útiles para Dios (1 Pedro 5:8). El dinero puede ser tu herramienta para el bien o la herramienta de Satanás para el mal.

Al comprometerte a vivir por debajo de tus posibilidades, toma las medidas necesarias para aplacar tu impulso de comprar.

5. Paga los saldos de tus tarjetas de crédito y elimina todas las deudas malas.

En tu camino hacia la creación de bienes, necesitarás elaborar un plan para reducir y eliminar todas las deudas malas. Es posible que estés ansioso por invertir tu dinero en la bolsa de valores, pero es aconsejable saldar primero las deudas malas. No tiene mucho sentido financiero obtener un 8 % de interés por una inversión cuando estás pagando un 18 % de interés o más por el saldo de una tarjeta de crédito.

Un plan sólido de reducción de deudas incluye varios pasos clave:

Haz una lista de tus deudas de menor a mayor.

La mayoría de la gente no se da cuenta de cuántas deudas tiene. Reúne todos los estados de cuentas de tus tarjetas de crédito y préstamos, incluido el saldo restante de tu préstamo para la compra de un automóvil. Enumera estas deudas de menor a mayor.

Paga primero tus deudas más pequeñas.

Aunque cada mes realizarás los pagos mínimos de todas tus deudas, tu objetivo es empezar a saldar primero la deuda más pequeña. Una vez que hayas pagado la deuda más pequeña, pasa a la siguiente y haz lo posible por saldarla también en su totalidad. Notarás que, a medida que vayas pagando las deudas más pequeñas, dispondrás de más dinero en los meses siguientes para hacer frente a las deudas más grandes.

Cierra tus cuentas de tarjetas de crédito.

Ponte en contacto con los bancos o compañías emisoras de tus tarjetas de crédito y cancela tus cuentas. Si te ofrecen una mejor tasa de interés para convencerte de que mantengas la cuenta, acepta la oferta. Solicita una mejor tasa de interés sin cuota anual. Esto te ahorrará dinero mientras pagas el saldo. Una vez que tengas la nueva tasa de interés fijada, puedes volver a llamar más tarde y cerrar la cuenta, ¡pero no hagas más compras solo porque tengas una tasa de interés más baja!

Incluye tu plan de reducción de deuda en tu presupuesto.

Si tienes deudas, es fundamental que destines una parte de tus ingresos mensuales a reducir y eliminar tu deuda. Asegúrate de incluir tu plan de reducción de deuda en tu presupuesto mensual (Consulta el Recurso 1: Hoja de cálculo del presupuesto). Cuando ya no tengas deudas, podrás reasignar ese pago mensual que estabas haciendo a tu plan de ahorro e inversión. En otras palabras, pasarás de hacer pagos a ahorrar pagos.

Considera la posibilidad de vender un vehículo costoso.

Si tienes un préstamo para la compra de un automóvil con un saldo elevado o si la cuota mensual es muy elevada, podrías considerar vender tu vehículo y deshacerte del pago por completo, incluso si debes más de lo que vale el coche. Pagar el préstamo y comprar un vehículo modesto y usado en efectivo puede liberarte de esos elevados pagos mensuales.

Esta quinta decisión, «Evitaré las deudas malas a toda costa», te liberará de cargas financieras innecesarias. Junto con las otras decisiones, te permitirá dedicar más tiempo, energía y recursos a lo que realmente importa: bendecir a los demás y promover el reino de Dios.

Capítulo 6

La inversión sin riesgo: dar al Señor

*Honra al SEÑOR con tus riquezas
y con las primicias de todos tus frutos.
Así tus graneros estarán llenos con abundancia, y tus lagares rebosarán de vino nuevo.*
– Salomón (Proverbios 3:9-10)

Te hemos desafiado a tomar algunas decisiones importantes en este viaje. La mayoría han sido sobre ganar, administrar y ahorrar dinero. Ahora es el momento de enfocarse en la importancia de devolverle al Señor.

Dar, como verás, es incluso más importante que ahorrar, ya que es un acto de adoración, una expresión de confianza y una declaración de que nuestra esperanza no está en las riquezas, sino en Aquel que nos provee abundantemente.

Dios es el dador supremo. Él nos dio a Su Hijo, Su Espíritu y «*toda buena dádiva y todo don perfecto*» que disfrutamos (Santiago 1:17). Como administradores de Su gracia y provisión, estamos llamados a reflejar Su generosidad con nuestras finanzas. Apoyar la obra del evangelio, cuidar de los pobres y bendecir a otros son formas de acumular tesoros en el cielo (Mateo 6:20). La generosidad cambia nuestro enfoque de nosotros mismos al servicio y de la riqueza temporal al impacto eterno.

Oramos para que tomes la siguiente decisión, no como un acto ocasional, sino como un compromiso constante y de por vida:

DECISIÓN 6: Daré generosamente a la obra del Señor.

Una de las decisiones más profundas que podemos tomar es entregar la primera parte de nuestros ingresos al Señor. Este acto se llama diezmo, y tiene sentido devolverle una parte de nuestros ingresos, ya que, en primer lugar, provienen de Él. El diezmo es un principio bíblico importante, y Dios bendice a quienes lo siguen.

El diezmo es adoración, no obligación

El diezmo no es un «pago mensual» a Dios, una obligación financiera similar al pago de facturas o al cumplimiento de un deber financiero. Esta perspectiva le quita al diezmo su verdadero significado espiritual y lo reduce a un acto transaccional. El diezmo es un acto de adoración, una expresión gozosa de gratitud por la provisión de Dios. Es una ofrenda de la primera y mejor porción y expresa agradecimiento al Señor (Deuteronomio 26:10). Cuando diezmamos, reconocemos que todo lo que tenemos pertenece a Dios (Salmo 24:1) y que nosotros somos meros administradores de Sus recursos. Piensa en el diezmo no en términos de cuánto de lo tuyo le das al Señor, sino más bien, cuánto de lo Suyo estás dispuesto a quedarte para ti. El diezmo no se trata de cumplir un requisito, sino de cultivar un corazón generoso y de confianza en la fidelidad de Dios.

El diezmo en el Antiguo Testamento

Este principio del diezmo tiene sus raíces en el Antiguo Testamento. La primera mención del diezmo aparece en Génesis, cuando Abram le dio a Melquisedec, sacerdote del Dios Altísimo, «*la décima parte de todo*» (Génesis 14:20). Más tarde, Jacob prometió dar «*la décima*» parte de todo lo que el Señor le había dado (Génesis 28:22).

Dios exigía a los israelitas que le devolvieran el 10 % de sus productos, ganado e ingresos (Levítico 27:30-32). Este diezmo sustentaba a los levitas, que servían en el templo, y proveía para los pobres, las viudas y los huérfanos (Deuteronomio 14:28-29). Dios ordenó a los israelitas: «Traigan *todo el diezmo al tesoro y haya alimento en mi casa*» (Malaquías 3:10). El diezmo era un recordatorio tangible de la propiedad de Dios sobre la tierra, sus productos y su pueblo, y de la responsabilidad de Israel hacia Él como sus arrendatarios. Era una forma de que Israel demostrara la fidelidad y el favor de Dios, «*si no les abriré las ventanas de los cielos y vaciaré sobre ustedes bendición hasta que sobreabunde*» (Malaquías 3:10).

El estándar del 10 % es un buen principio para seguir incluso hoy en día, ya que ofrece una base clara para las donaciones.

Sin embargo, el diezmo en el Antiguo Testamento no era el límite máximo de generosidad, sino el mínimo, un punto de partida que demostraba obediencia y fe.

Cuando Dios ordenó la construcción del tabernáculo, pidió al pueblo una contribución, u ofrenda voluntaria, «*de todo hombre cuyo corazón lo mueva a hacerlo*» (Éxodo 25:2). Cuando el pueblo acudió con sus ofrendas, trajeron tanto que Moisés tuvo que frenar al pueblo «*pues ya había material suficiente para hacer toda la obra, y aun sobraba*» (Éxodo 36:7). Dios había proporcionado el material originalmente cuando los israelitas, como esclavos, saquearon a los egipcios y salieron de Egipto con abundancia de riquezas y tesoros (Éxodo 12:35-36). Dios siempre provee para la obra que Él ordena; solo tenemos que estar dispuestos a obedecer.

La generosidad en el Nuevo Testamento

Como creyentes del Nuevo Testamento, ya no estamos bajo la Ley, sino que estamos llamados a dar libre y generosamente, impulsados por el amor y la gratitud, más que por la obligación. Pablo escribió: «*Y digo esto: El que siembra escasamente cosechará escasamente, y el que siembra con generosidad también con generosidad cosechará. Cada uno dé como propuso en su corazón, no con tristeza ni por obligación porque Dios ama al dador alegre*» (2 Corintios 9:6-7).

Entonces, ¿cuánto debemos dar?

La generosidad en el Nuevo Testamento no está limitada por un porcentaje específico, sino que está motivada por la gracia que hemos recibido en Cristo. Esta gracia a menudo inspira a los creyentes a diezmar más del 10 por ciento, reflejando la generosidad abundante modelada por Jesús, quien lo dio todo por nosotros (Juan 3:16).

Dar generosamente más allá del diezmo

Además de dar dinero a la iglesia local para la obra del Señor, la Biblia nos anima a hacer ofrendas a causas que se alinean con el corazón de Dios por la justicia, la misericordia y la compasión. Proverbios 19:17 dice: « *El que da al pobre presta al SEÑOR, y él le dará su recompensa.*» La idea de prestar al Señor debería despertar en nosotros un deseo genuino de ser generosos con los necesitados.

Pablo elogió el ejemplo de los macedonios que, aunque no eran tan ricos como los de la iglesia de Corinto, «*que en grande prueba de tribulación, la abundancia de su gozo y su extrema pobreza abundaron en las riquezas de su generosidad. Porque doy testimonio de que espontáneamente han dado de acuerdo con sus fuerzas, y aun más allá de sus fuerzas*» (2 Corintios 8:2-3), con un ferviente deseo de ayudar a la obra del evangelio. Esta actitud del corazón se fomentó, continuó Pablo, «*y superando lo que esperábamos, se dieron primeramente ellos mismos al Señor y a nosotros, por la voluntad de Dios*» *(*2 Corintios 8:5). El corazón es la clave para dar con piedad.

Los creyentes macedonios se habían comprometido por completo con el Señor, por lo que cuando surgió una necesidad por el bien del evangelio, ya estaban preparados para dar. Dios acepta nuestras ofrendas como si se las ofreciéramos directamente a Él. Estas ofrendas pueden destinarse a misiones, al apoyo de ministerios locales y a organizaciones que ministran «a *los más necesitados*» (Mateo 25:40).

La iglesia primitiva reconoció el llamado a atender las necesidades prácticas de los pobres entre ellos. Los que habían creído en el evangelio «*La multitud de los que habían creído era de un solo corazón y una sola alma. Ninguno decía ser suyo propio nada de lo que poseía, sino que todas las cosas les eran comunes*» (Hechos 4:32-35). La transformación por el poder del evangelio crea en nosotros un corazón compasivo hacia los demás, y dar es una forma de amar a nuestro prójimo.

El diezmo es una responsabilidad de cada creyente y el medio por el cual Dios ha preparado la financiación de Su obra en la tierra. Pablo les dijo a los corintios: «*El primer día de la semana, cada uno de ustedes guarde algo en su casa, atesorando en proporción a cómo esté prosperando*» (1 Corintios 16:2). En otras palabras, den según lo que Dios les ha provisto. Como el dar está ligado a nuestra adoración el primer día de cada semana, debemos ser constantes y regulares con nuestro diezmo. Y debemos determinar la cantidad en función de lo que Dios nos ha dado. Al igual que en el Antiguo Testamento, el diezmo y la ofrenda ayudaban a mantener a los levitas que no tenían herencia de tierras, la iglesia del Nuevo Testamento tiene la responsabilidad de mantener a los pastores, maestros, evangelistas y misioneros que han renunciado a su empleo secular y han comprometido su vida y su trabajo a la predicación de la Palabra de Dios.

Los filipenses se asociaron con Pablo para suplir sus necesidades financieras y prácticas una y otra vez, de modo que el fruto de ese apoyo pudiera materializarse en la salvación de almas (Filipenses 4:16). Pablo llamó a su don una ofrenda fragante, un sacrificio aceptable y agradable a Dios (Filipenses 4:18). Juan escribió que aquellos que han salido por causa del nombre deben ser apoyados por la iglesia para que podamos ser colaboradores en la obra de la verdad (3 Juan 7-8). Tu diezmo en las manos del Señor puede cosechar dividendos eternos como una inversión en el evangelio.

Yo sirvo en la junta directiva de varias organizaciones cristianas sin fines de lucro que satisfacen necesidades mientras avanzan en el evangelio. En una organización en particular, el Genesis College and Seminary (Colegio y Seminario Génesis), trabajo con un equipo de gente que dedica su tiempo, talento y recursos financieros a proporcionar formación bíblica gratuita a reclusos de todo Estados Unidos. Actualmente contamos con más de 25 000 reclusos en 37 estados inscritos en nuestros cursos. Los miembros de la junta y del consejo asesor contribuyen generosamente a este ministerio sin recibir ninguna remuneración. Nuestra recompensa es escuchar testimonio tras testimonio de hombres y mujeres cuyas vidas están siendo transformadas por el poder del evangelio. Ninguno de nosotros se arrepiente del tiempo o el dinero que hemos invertido en este ministerio.

Permite que Dios dirija tus donaciones. Mientras oras sobre la cantidad que vas a dar, recuerda las palabras de Pablo: «*El que siembra abundantemente, también cosechará abundantemente*» (2 Corintios 9:6).

Un autor cristiano es un ejemplo notable de generosidad extraordinaria. Después de recibir grandes ganancias por un libro de gran venta, él y su esposa decidieron implementar un diezmo inverso, donando el 90 % de sus ingresos y viviendo con el 10 % restante. Esta decisión se basó en su creencia de que Dios los había bendecido abundantemente y querían usar sus recursos para promover Su reino.

El autor explicó que cuanto más daba, más se alineaba su corazón con los propósitos de Dios y menos dependía de las riquezas materiales para sentirse satisfecho. Su generosidad es un testimonio moderno de la verdad de las palabras de Cristo: «Más bienaventurado es dar que recibir» (Hechos 20:35). Aunque Dios quizá no nos llame a dar el 90 % de nuestros ingresos, la generosidad del autor nos desafía a ver el dar no como un deber, sino como una oportunidad de colaborar con Dios para bendecir a otros.

Jesús contó una historia sobre una viuda pobre que dio su último centavo al ministerio del templo. No la criticó por ser derrochadora o imprudente; al contrario, alabó su sacrificio: «*Y vino una viuda pobre y echó dos monedas de cobre, que hacen un centavo. Y llamando a sus discípulos, les dijo: De cierto les digo que esta viuda pobre echó más que todos los que echaron en el cofre porque todos han echado de su abundancia; pero esta, de su pobreza, echó todo lo que tenía, todo su sustento*» (Marcos 12:42-44).

Jesús no está diciendo que todos debamos darlo todo.

La cuestión es que, si solo damos de nuestro excedente, comodidad o conveniencia, puede que nos sintamos bien, pero no estamos dando *de verdad*, porque en realidad no nos ha costado nada. El valor de algo que se da se evalúa a menudo por lo que le ha costado al que lo da, y ese costo que soporta el donante refleja el valor que le da al receptor. Dios quiere que demos generosamente y con sacrificio porque Él es ese tipo de dador. Él dio «todo lo que tenía» por nosotros. Para reflejar la verdad de que Cristo, y no nuestro dinero o nuestras posesiones, es nuestra alegría, debemos ser dadores como Él, tanto a Dios como a los demás.

Un llamado a vivir con generosidad

La sexta decisión que conduce a la seguridad financiera y a las bendiciones, «Daré generosamente a la obra del Señor», no conlleva ningún riesgo, pero sí una gran recompensa. Las inversiones mundanas conllevan cierto riesgo, pero cuando siembras en el reino de Dios, desbloqueas los recursos del cielo. Como dijo Jesús: «*Dad, y se os dará. Una medida buena, apretada, remecida y rebosante se os dará en vuestro regazo*» (Lucas 6:38). Jesús utilizó esta ilustración del mercado, donde se vertía el grano, se apretaba y luego se llenaba hasta rebosar, para que el comprador recibiera todo lo que había pagado. Del mismo modo, aquellos que dan generosamente recibirán una medida plena y abundante.

Si nunca has dado el diezmo, empieza con pequeños pasos. Comienza con el 10 % de tus ingresos. Da fielmente, da regularmente y observa cómo Dios provee.

Ora por tu diezmo, pidiendo a Dios que lo use para su gloria y para profundizar tu confianza en Él. Si ya das el diezmo, desafíate a dar más allá del diezmo. Busca oportunidades para bendecir a otros, da a causas importantes centradas en Cristo e invierte generosamente en el reino de Dios.

A medida que confíes tus finanzas a Dios, descubrirás que dar para la obra del Señor es una inversión que nunca supone un riesgo. El rendimiento de esta inversión es inconmensurable, no solo en cuanto a provisión financiera, sino también en cuanto a la alegría y la paz que provienen de caminar en obediencia a la Palabra de Dios.

Capítulo 7

El poder de la acción

El negligente no alcanza presa, pero el hombre diligente obtendrá preciosa riqueza.
– Salomón (Proverbios 12:27)

Ahora que llegamos al final de nuestro viaje juntos hacia la creación de bienes, queremos recordarte que las decisiones que se toman en este libro no tienen como único objetivo el beneficio personal: una casa más bonita, una vida cómoda y una jubilación más segura. Se trata de algo mucho más grande. No fuimos creados para la comodidad, sino para cumplir una misión.

Cada respiro que tomamos y cada recurso que gestionamos es una oportunidad para servir a los demás y promover el reino de Dios. La verdadera pregunta no es qué quiero hacer con mi vida y mi dinero, sino qué quiere hacer Dios a través de mí.

Todo cambia cuando comprendemos que somos administradores y no propietarios. Comenzamos a ver nuestros trabajos, nuestros hogares, nuestras cuentas bancarias e incluso nuestras de carteras inversiones como herramientas para la misión. Estamos aquí para alcanzar a los perdidos, bendecir a otros, edificar la iglesia y dar gloria a Dios. Eso no es un proyecto secundario, es el propósito de nuestras vidas. Y cuando vivimos con esa perspectiva, nuestros esfuerzos producen frutos duraderos y recompensas eternas. Nuestras vidas y recursos existen para el reino de Dios y el bien de los demás.

La última decisión que te invitamos a tomar es sobre la acción:

DECISIÓN 7: Haré un pacto duradero para invertir mi tiempo, mis talentos y mis tesoros en bendecir a los demás y edificar el reino de Dios.

Fe con acción

Crear patrimonio y administrar los recursos con sabiduría no solo consiste en adquirir conocimientos y establecer metas inteligentes, sino también en vivir la fe con acciones. La séptima decisión es más que una declaración de intenciones: es decidir vivir en armonía con la voluntad de Dios.

La Biblia nos enseña que la fidelidad es la base para administrar los recursos de Dios. Pablo escribió: «*lo que se requiere de los mayordomos es que cada uno sea hallado fiel*» (1 Corintios 4:2). Esa palabra «se requiere» nos recuerda que la fidelidad no es opcional. Se nos manda ser coherentes y guiarnos por nuestras convicciones para honrar a Dios con nuestro tiempo, nuestros talentos y nuestros tesoros.

Nuestro *tiempo* es un recurso que no se puede reponer, y la forma en que lo invertimos revela lo que realmente valoramos. Los *talentos* que poseemos provienen de Dios, lo que nos permite servir a los demás y glorificarlo a Él. Y nuestros *tesoros* nos dan poder para satisfacer necesidades y promover la obra de Dios.

Cuando somos fieles con estos recursos, reconocemos que todo lo que tenemos pertenece a Dios y debe ser utilizado para Sus propósitos. Pensemos en Nehemías, quien demostró una fidelidad inquebrantable al liderar el esfuerzo de reconstruir los muros de Jerusalén. Oró, planificó estratégicamente y trabajó incansablemente a pesar de la oposición. Al igual que Nehemías, estamos llamados a construir, no solo riqueza material, sino legados que reflejen el corazón de Dios. Ya sea que estemos iniciando un negocio, invirtiendo sabiamente o dando generosamente, es nuestra fidelidad y diligencia lo que asegurará frutos duraderos y traerá honor a Dios.

Bendecir a los demás a través de nuestras acciones

Las Escrituras nos recuerdan que, así como Jesús dio su vida por nosotros, nosotros también debemos dar nuestra vida por los demás (1 Juan 3:16). ¿Cómo se ve esto? Juan escribió: «*Pero el que tiene bienes de este mundo y ve que su hermano padece necesidad y le cierra su corazón, ¿cómo morará el amor de Dios en él?*» (1 Juan 3:17). Luego llamó a los creyentes a la acción: «*Hijitos, no amemos de palabra ni de lengua, sino de hecho y de verdad*» (1 Juan 3:18).

Cuando invertimos en los demás, reflejamos el amor

y el sacrificio de Cristo y creamos un efecto dominó de transformación. Cuando apoyas a un misionero, por ejemplo, nunca sabes cómo ese acto de generosidad puede repercutir en el futuro. Piensa en esto: nuestro padre [7] fue misionero en la India en la década de 1960, fundando iglesias por todo el país. Es muy probable que quienes lo apoyaron económicamente ya hayan fallecido, al igual que nuestro padre, pero la inversión que hicieron en él sigue viva hoy en día. Estas iglesias siguen existiendo y miles de personas se han convertido al cristianismo a lo largo de varias generaciones porque creyentes fieles decidieron dar. Cada acto de dar no solo es una inversión, sino también el cumplimiento del llamado a amar a Dios con todo el corazón y buscar el mayor bien de nuestro prójimo (Mateo 22:37, 39).

Hacer un pacto de mayordomía

Una de las formas más poderosas en que podemos vivir una vida de administración piadosa es redactar y mantener un Pacto de Administración. Esto traducirá las buenas intenciones en pasos concretos, asegurando que la administración se convierta en una realidad vivida, no solo en una idea. Es una declaración de tu compromiso con Dios y con la administración fiel de los recursos que Él te ha dado. Un pacto de mayordomía no es un vínculo legalista, sino que representa una dedicación sincera a invertir intencionalmente tiempo, habilidades y finanzas de maneras que bendigan a otros y expandan el reino de Dios.

Un pacto de mayordomía tiene cuatro partes básicas:

---

[7] Los autores de este libro son hermanos.

un reconocimiento de la propiedad de Dios, una declaración de tu papel como mayordomo, una descripción de tus compromisos y tu firma.

1. Comienza por afirmar que todo pertenece a Dios. Esto establece los cimientos de tu pacto. Por ejemplo: «*Reconozco que todo lo que tengo pertenece al Señor, porque del Señor es la tierra y todo lo que hay en ella*» (Salmo 24:1).

2. Define claramente tu compromiso como administrador de los recursos de Dios, reconociendo tu responsabilidad de gestionarlos con sabiduría (1 Corintios 4:2). Por ejemplo: «Como su administrador, me comprometo a gestionar todos los recursos que me han sido confiados —tiempo, talentos y finanzas— con diligencia e integridad».

3. Describe las prácticas o principios específicos que te comprometes a seguir. Esto puede incluir el diezmo, la generosidad, las decisiones financieras o el apoyo al reino de Dios. Por ejemplo: «Me comprometo a honrar a Dios viviendo con generosidad, viviendo dentro de mis posibilidades, construyendo riqueza generacional e invirtiendo en Su reino. Buscaré Su sabiduría en todas las decisiones y lo glorificaré a través de una mayordomía fiel».

4. Firmar con tu nombre y fecharlo hace que tu pacto sea oficial. Si estás escribiendo el pacto con tu cónyuge, él o ella también debe firmarlo.

A continuación, se muestra un ejemplo de pacto de administración (página siguiente):

Como familia, reconocemos que todo lo que poseemos proviene de Dios, el Creador de todas las cosas: Los cielos son tuyos; la tierra también es tuya; el mundo y todo lo que hay en él, tú los has fundado (Salmo 89:11).

Nos comprometemos a ser fieles administradores de Sus bendiciones mediante el diezmo a nuestra iglesia, la práctica de la generosidad y el uso de nuestro tiempo y talentos para servir a los demás. Proverbios 3:9-10 dice: Honra al Señor con tus riquezas y con las primicias de todos tus frutos; entonces tus graneros se llenarán de abundancia y tus lagares rebosarán de vino». Guiados por este principio, honraremos al Señor con nuestras riquezas y recursos, y confiaremos en Él para que dirija nuestros pasos mientras construimos un legado de fidelidad para su gloria.

Firmado:_____ Fecha:_____

Una vez que redactes el contenido, dale formato en tu computadora para que parezca un documento formal. Utiliza un tamaño de letra grande para el título, *Pacto de administración*. Una vez que lo imprimas, lo firmes y lo feches, tal vez quieras enmarcarlo y colocarlo en algún lugar donde lo veas a menudo.

Mantén tu pacto conciso; debe caber en una página. Utiliza un lenguaje claro y directo, haciendo que el pacto sea memorable y significativo. Además, asegúrate de incorporar pasajes de las Escrituras, respaldando tus compromisos con principios y versículos bíblicos.

Hazlo personal. Escribe en primera persona para expresar tu compromiso de manera sincera y personal. Por último, ora mientras escribes tu pacto y, una vez que lo hayas completado, pide a Dios que te guíe y te dé fuerzas para cumplir tus compromisos.

Hacer y vivir según este pacto te inspirará a ser constante en dar, servir y administrar tus recursos sabiamente, incluso cuando las circunstancias lo hagan difícil. Te ayudará a mantenerte enfocado en lo que realmente importa: invertir en cosas con valor eterno, como difundir el evangelio y satisfacer las necesidades de los demás. Al guardar fielmente este pacto, glorificarás a Dios como el verdadero dueño de todo lo que tienes y alinearás tu vida con los principios de la Palabra de Dios.

Epílogo

Se te ha invitado a tomar siete decisiones importantes. Si las aceptas, estas decisiones tienen el poder de cambiar radicalmente tu vida y tu futuro.

1. *Haré del dinero una herramienta, no un tesoro.*

2. *Ahorraré dinero a toda costa.*

3. *No dejaré que el placer me controle ni me distraiga de administrar fielmente los recursos de Dios.*

4. *Invertiré los recursos que Dios me ha confiado y haré que cada dólar se multiplique.*

5. *Evitaré las deudas malas a toda costa.*

6. *Daré generosamente a la obra del Señor.*

7. *Haré un pacto duradero para invertir mi tiempo, mis talentos y mis tesoros en bendecir a otros y edificar el reino de Dios.*

Si decides tomar estas decisiones, creemos, según las Escrituras, que Dios te bendecirá y que serás una bendición para los demás.

Planificar tu futuro financiero es sensato y responsable, pero requiere tiempo y paciencia. La riqueza no se construye de la noche a la mañana. Requiere vivir por debajo de tus posibilidades, invertir de forma constante y mantenerte fiel a tu plan durante mucho tiempo, incluso si sientes que no estás progresando mucho.

Preparándote para tu futuro eterno

Como se destaca en este libro, prepararse para los años venideros implica estrategia, sacrificio, planificación, administración de recursos y paciencia. Por más importante que sea la planificación financiera, palidece en comparación con la importancia de prepararte para tu futuro eterno. La riqueza terrenal y el estado de tu cartera son temporales, pero tu relación con Dios y el estado de tu alma tienen un significado eterno.

Las Escrituras nos recuerdan que la vida es efímera: ¿Qué es vuestra vida? Porque sois como niebla que se aparece por un poco de tiempo y luego se desvanece (Santiago 4:14). La riqueza y las posesiones hacen que la vida sea cómoda en la tierra, pero no aseguran lo que realmente importa. Nuestras inversiones terrenales acabarán desapareciendo. Solo lo que se hace para la gloria de Dios perdurará.

Prepararte para tu futuro eterno comienza con reconocer tu necesidad de salvación. La Palabra de Dios enseña que todas las personas han pecado y están destituidas de la gloria de Dios (Romanos 3:23). Pero a través de Jesucristo, Dios nos ofrece el regalo de la vida eterna (Romanos 6:23). Planificar para la eternidad implica más que solo reconocer la existencia de Dios; requiere una relación personal con Él a través de la fe en Jesucristo.

Jesús dijo: «*Yo soy el camino, la verdad y la vida. Nadie viene al Padre sino por mí*» (Juan 14:6). Si quieres estar seguro de que tu futuro eterno está asegurado, no cierres este libro sin entregar tu vida a Cristo. Pon tu fe en Jesús para el perdón de tus pecados y la promesa de la vida eterna. El camino a la salvación comienza con una simple decisión: ¿Recibiré a Cristo en mi vida o lo rechazaré? La Biblia dice que todos los que reciben a Jesús y creen en su nombre tienen «*el derecho a convertirse en hijos de Dios*» (Juan 1:12).

Si nunca has puesto tu fe en Cristo, puedes hacerlo ahora. No hay palabras prescritas que debas orar. Simplemente dile a Dios que lo necesitas y que deseas comenzar una relación con Él. Si no sabes qué decirle a Dios, aquí tienes una sencilla oración que puedes orar. Esta oración no te salvará; simplemente te proporciona algunas palabras que, si se oran con fe, te ayudarán a expresar tu fe en Cristo:

«Dios, creo que me amas. Sé que soy un pecador, pero entregaste a tu único Hijo por mí para que pueda vivir para siempre contigo y disfrutar de tu amor por toda la eternidad. Por fe, recibo con gratitud tu regalo de salvación. Estoy listo para confiar en ti como mi Señor y Salvador. Amén».

Si has tomado la decisión de seguir a Cristo, recuerda este día. ¡Hoy es tu cumpleaños espiritual y el día más importante de tu vida! Al confiar en Jesús, te has asegurado un futuro que ninguna crisis económica o pérdida terrenal puede arrebatarte.

Al cerrar este libro, oramos para que tomes las decisiones que se indican en él y que te conduzcan a la seguridad financiera y a las bendiciones. Pero mientras trabajas para alcanzar tus metas financieras, edifica tu vida sobre el fundamento de Cristo y alinea tus prioridades con la voluntad de Dios. Invierte en el reino de Dios, utilizando tu tiempo, tus talentos y tus recursos para promover Su obra en esta tierra. Estas inversiones tienen un valor eterno. Por último, al dar prioridad a tu futuro eterno, recuerda que estás invirtiendo en algo mucho más grande que las acciones o los bonos: estás asegurando una herencia que nunca perecerá, se echará a perder ni se desvanecerá (1 Pedro 1:4).

Curso introductorio sobre la bolsa de valores

¿Qué es la bolsa de valores?

La bolsa de valores es un conjunto de bolsas y mercados en los que compradores y vendedores negocian acciones, bonos y otros valores. Sirve como plataforma para que las empresas obtengan capital mediante la venta de acciones (participaciones) a los inversores y para que estos compren y vendan dichas acciones con el fin de alcanzar sus objetivos financieros.

La bolsa de valores es vital para la economía porque proporciona a las empresas la financiación necesaria para crecer e innovar, al tiempo que ofrece a particulares e instituciones oportunidades para generar riqueza a lo largo del tiempo. Las principales bolsas de valores de Estados Unidos son la Bolsa de Valores de Nueva York (NYSE) y el Nasdaq.

¿Cómo funciona la bolsa de valores?

El mercado de valores opera a través de una red de bolsas en las que se cotizan, negocian y regulan las acciones. Así es como funciona: *Cotización en bolsa:* Las empresas salen a la bolsa ofreciendo acciones a través de una oferta pública inicial (IPO). Estas acciones se cotizan posteriormente en las bolsas para su negociación.

Negociación: Los inversores compran y venden acciones a través de cuentas de corretaje. Las operaciones se producen cuando el comprador y el vendedor acuerdan un precio.

Precios: Los precios de las acciones fluctúan en función de la oferta y la demanda, pero también se ven influidos por los resultados de las empresas, los indicadores económicos y la confianza del mercado.

Regulación: La Comisión de Bolsas y Valores (SEC) garantiza la transparencia del mercado y las prácticas comerciales justas.

El mercado de valores se divide en dos segmentos:

Mercado primario: donde se venden nuevos valores a los inversores.

Mercado secundario: donde se negocian los valores existentes entre los inversores.

Principales índices bursátiles de EE. UU.

Los índices son herramientas que miden el rendimiento de segmentos específicos del mercado bursátil. Son fundamentales para seguir las tendencias del mercado, comparar inversiones individuales y evaluar la salud general de la economía. Estos son algunos de los principales índices bursátiles estadounidenses:

S&P 500 (Standard & Poor's 500)
Descripción: El S&P 500 sigue el rendimiento de las 500 empresas cotizadas más grandes de EE. UU. en diversos sectores.

Importancia: Se considera ampliamente como un punto de referencia para la salud general del mercado bursátil estadounidense. Representa alrededor del 80 % del valor total del mercado.

Dow Jones Industrial Average (DJIA)
Descripción: El DJIA sigue el rendimiento de 30 grandes empresas estadounidenses bien establecidas y conocidas por su liderazgo en sus respectivos sectores.

Importancia: Aunque su alcance es limitado, el DJIA es un indicador popular de las tendencias económicas y la confianza de los inversores.

Índice compuesto de la Bolsa de Valores de Nueva York

Descripción: Sigue la evolución de todas las acciones ordinarias que cotizan en la Bolsa de Valores de Nueva York.

Importancia: refleja el rendimiento de una amplia gama de sectores dentro de la NYSE.

Índice compuesto Nasdaq

Descripción: Incluye todas las acciones que cotizan en la bolsa Nasdaq, con especial énfasis en las empresas tecnológicas y orientadas al crecimiento.

Importancia: Es un indicador líder de los sectores impulsados por la innovación, como la tecnología y la biotecnología.

Índices Russell 1000, 2000 y 3000

Descripción: *El índice Russell 1000* mide el rendimiento de las 1000 empresas más grandes de Estados Unidos.

El índice Russell 2000 se centra en las 2000 empresas más pequeñas y ofrece información sobre el rendimiento del mercado de pequeña capitalización.

Russell 3000 combina Russell 1000 y 2000 para representar el mercado bursátil total de EE. UU.

Importancia: Ofrecen una visión completa de las empresas de gran y pequeña capitalización y del mercado en su conjunto.

Índice de valor de mercado AMEX

Descripción: Sigue el rendimiento de las acciones que cotizan en la Bolsa de Valores de Estados Unidos (AMEX), centrándose en las empresas de pequeña y mediana capitalización.

Importancia: Destaca las empresas más pequeñas, a menudo más volátiles y menos representadas en los índices más grandes.

Por qué es importante comprender los índices bursátiles

Para los nuevos inversores, comprender los índices bursátiles es fundamental por varias razones:

Evaluación comparativa del rendimiento: los índices permiten a los inversores comparar el rendimiento de su cartera con el del mercado en general o con sectores específicos.

Evaluación del riesgo: los diferentes índices representan distintos niveles de riesgo. Por ejemplo, la composición del Nasdaq, con un alto peso tecnológico, es más volátil que la del S&P 500.

Diversificación: los fondos indexados y los ETF (fondos cotizados en bolsa) suelen reflejar el rendimiento de estos índices, lo que ofrece una forma rentable de diversificar las inversiones.

Indicadores económicos: los movimientos de los índices reflejan las tendencias del mercado y pueden indicar cambios en las condiciones económicas, lo que ayuda a los inversores a tomar decisiones informadas.

Conclusiones

La bolsa de valores es un componente dinámico y esencial de la economía mundial, que ofrece a los particulares oportunidades para aumentar su patrimonio. Al comprender las funciones y características de los principales índices bursátiles, los nuevos inversores pueden:

- Evaluar las tendencias del mercado
- Tomar decisiones de inversión informadas
- Crear carteras diversificadas y resilientes

Para aquellos que recién comienzan, aprender los conceptos básicos de estos índices proporciona una base sólida para moverse por el complejo pero gratificante mundo de las inversiones.

Recurso 1: Hoja de cálculo del presupuesto

Un presupuesto te ayuda a controlar tus gastos. Establece límites de gasto específicos para cada categoría y comprométete a no sobrepasarlos. Intenta reducir tus gastos y destinar la mayor cantidad de dinero posible a la eliminación de deudas y, en última instancia, al ahorro y la inversión.

Presupuesto para el mes de _____		
Gastos	Importe pre-supuestado	Importe gastado
Reducción/eliminación de la deuda		
Ahorros/Inversiones		
Pagos de deuda (por ejemplo, tarjetas de crédito, préstamos para automóviles, préstamos para estudios)		
Gastos inesperados		
Vivienda (por ejemplo, alquiler/hipoteca, impuestos sobre la propiedad)		
Seguros (por ejemplo, vivienda, alquiler, automóvil, salud)		
Transporte (por ejemplo, gasolina, aceite, Uber/Lyft)		
Servicios públicos (por ejemplo, electricidad, gas, alcantarillado/basura, Internet, teléfono móvil)		
Compras		
Comidas fuera de casa (por ejemplo, comidas, café, refrescos)		
Entretenimiento (por ejemplo, descargas de películas y música, videojuegos)		
Ropa (por ejemplo, ropa, zapatos, tintorería)		
Cuidado personal (por ejemplo, peluquería, manicura, gimnasio)		
Atención médica (por ejemplo, visitas al médico, recetas)		
Regalos		
Educación (por ejemplo, matrícula, libros, material escolar)		
Hijos (por ejemplo, guardería, preescolar, manutención infantil)		
Donaciones (por ejemplo, diezmos y ofrendas)		
Otros		
Otros		

Recurso 2: Taller sobre metas financieras

El rey Salomón escribió: «*Los planes de los diligentes conducen sin duda a la abundancia, pero todos los que se precipitan solo llegan a la pobreza*» (Proverbios 21:5). Las personas más exitosas tienen planes y se esmeran en cumplirlos. En este taller, tu crearás metas a corto, mediano y largo plazo con los planes de acción correspondientes.

Estos son los pasos para crear metas financieras significativas y efectivas:

Paso 1: Ora pidiendo orientación

Comienza por buscar la sabiduría de Dios (Proverbios 3:5-6) para asegurarte de que tus metas estén alineadas con la voluntad de Dios.

Paso 2: Establece prioridades

Identifica cuáles son los objetivos más importantes para tu crecimiento financiero y espiritual. Por ejemplo, si no has contribuido fielmente a la obra del Señor, un posible objetivo podría ser: Comprometerme a dar el 10 % de mis ingresos como diezmo a mi iglesia local.

Paso 3: Determina tus metas

Es útil pensar en el futuro y en lo que esperas lograr a largo plazo. Una vez que lo hayas determinado, puedes dividir estas metas a largo plazo en metas a medio y a corto plazo para ayudarte a trabajar en pos de tus objetivos a largo plazo.

A continuación, se incluyen algunos ejemplos de objetivos a corto, medio y largo plazo que pueden servirte de inspiración para establecer tus propios objetivos:

Objetivos a corto plazo (1 año o menos)
Ejemplo 1: Crear un presupuesto para los próximos siete días y ponerlo en práctica inmediatamente.

Ejemplo 2: Ahorrar 1000 dólares durante los próximos 12 meses en un fondo de emergencia para prepararte para gastos inesperados y honrar el llamado de Dios a la sabiduría y la previsión (Proverbios 21:20).

Objetivos a medio plazo (de 1 a 5 años)
Ejemplo 1: Paga 10 000 dólares de deuda de consumo en los próximos tres años, demostrando una administración responsable y evitando la esclavitud a los prestamistas (Proverbios 22:7).

Ejemplo 2: Ahorra 12 000 dólares al año durante los próximos 5 años para el pago inicial de una vivienda.

Objetivos a largo plazo (5 años o más)
Ejemplo 1: Trabajar con un gestor patrimonial para crear un fondo de jubilación suficiente que me proporcione seguridad financiera y me permita seguir siendo generoso durante mi jubilación.

Ejemplo 2: Crear una fundación familiar centrada en iniciativas para la construcción del reino.

Paso 4: Crear medidas para cada objetivo

Desglosa cada objetivo en tres o cuatro tareas o pasos viables. Para cada paso, describe lo que hay que hacer y cómo se llevará a cabo. Es aconsejable fijar plazos para cada tarea. A continuación se muestra un ejemplo de objetivo con un plan de acción:

Objetivo: Organizaré una venta de garaje con el objetivo de recaudar 400 dólares para mi fondo de emergencia.

Pasos a seguir:

1. Fijar la fecha de la venta de garaje, asegurándome de que no coincida con otros planes.

2. Reservar 6 horas este sábado para revisar todos los artículos que ya no necesito o quiero.

3. Poner a la venta los artículos más grandes, como mi guitarra acústica, en una plataforma de anuncios clasificados en línea para dar un empujón a la venta de garaje.

4. Hacer carteles de cartón para colocarlos en mi vecindario y anunciar la venta.

Paso 5: Anota tus objetivos

Utiliza la siguiente plantilla para ayudarte a crear objetivos a corto, medio y largo plazo. Puedes escribir tus objetivos en este libro o simplemente en una hoja de papel aparte. Mantén tus objetivos a la vista para recordar las decisiones importantes que has tomado con respecto a tus objetivos financieros.

Objetivos a corto plazo

Objetivo 1: _____
Medidas a acción:

1. _____
2. _____
3. _____
4. _____

Objetivo 2: _____
Medidas de acción:

1. _____
2. _____
3. _____
4. _____

Objetivos a medio plazo

Objetivo 1: _____
Medidas de acción:

1. _____
2. _____
3. _____
4. _____

Objetivo 2: _____
Medidas de acción:

1. _____
2. _____
3. _____
4. _____

Objetivos a largo plazo

Objetivo 1: _____
Medidas de acción:

1. _____
2. _____
3. _____
4. _____

Objetivo 2: _____
Medidas de acción:

1. _____
2. _____
3. _____
4. _____

¡Enhorabuena por completar este taller! Establecer y mantener objetivos financieros es una forma muy eficaz de practicar la diligencia, la sabiduría y la fidelidad en la creación de riqueza y la administración.

Guía de estudio para *Invertir sabiamente*

Invertir sabiamente es una guía bíblica para nuevos inversores que desean ahorrar con diligencia, invertir estratégicamente y dar generosamente. Cada capítulo equipa a los lectores para administrar fielmente los recursos de Dios y construir una vida que honre y bendiga a los demás.

Esta guía de estudio ha sido diseñada para ayudarte a llevar a cabo las siete decisiones que conducen a la seguridad financiera y a las bendiciones. Responde cuidadosamente a todas las preguntas y completa todos los ejercicios. A medida que inviertas tiempo en poner en práctica estos principios divinos, te posicionarás para ser bendecido por Dios y para ser una bendición para los demás.

Guía de estudio
Capítulo 1: El dinero es una herramienta, no un tesoro

En este primer capítulo, te desafiamos a tomar la primera decisión que cambiará tu vida:

Haré del dinero una herramienta, no un tesoro.

Un administrador sabio entiende que el dinero es un recurso que debe utilizarse para los propósitos de Dios, y no un fin en sí mismo. Las Escrituras enseñan que las riquezas terrenales son temporales y no pueden compararse con los tesoros eternos del cielo (Mateo 6:19-21). Al pensar en el dinero como una herramienta, nos liberamos de su control y reconocemos que su mayor valor reside en cómo puede servir a los demás y glorificar a Dios. La decisión de considerar el dinero como una herramienta, y no como un tesoro, redefine el éxito financiero. Dicho éxito no consiste en acumular, sino en administrar de forma estratégica y fiel nuestros recursos para promover el reino de Dios.

Lo siguiente te ayudará a poner en práctica esta decisión:

Preguntas:

1. El dinero es una herramienta, no un tesoro. ¿Qué significa esto?

2. Jesús dijo: «*Porque donde esté tu tesoro, allí estará también tu corazón*» (Mateo 6:21). ¿Qué revela sobre nuestros valores el hecho de que el dinero y

las posesiones sean nuestro tesoro? Si miraras con honestidad tu vida, ¿cuál dirías que es tu mayor tesoro?

3. En la historia del joven rico, ¿qué indica que el dinero era su tesoro, y no una herramienta?

4. Cuando Cristo es tu tesoro, vives con generosidad, confías plenamente y vives con la eternidad en mente. De estas tres cosas, ¿cuál es la más difícil para ti? ¿Por qué? ¿Cómo superarás este desafío?

Ejercicio: Mantén a Cristo como tu tesoro

Todo cristiano debería poder decir con todo su corazón: «Cristo es mi tesoro». Pero el dinero y las cosas que el dinero puede comprar a menudo nos distraen de hacer de Cristo el verdadero tesoro de nuestras vidas. Además del dinero y las posesiones, ciertas personas, actividades y prioridades también pueden ocupar el primer lugar en nuestras vidas.

1. En una hoja de papel, haz una lista de las cosas que tienen el potencial de ser un tesoro en tu vida.

2. Junto a cada elemento, escribe lo que debes hacer para asegurarte de que estas cosas no se vuelvan más preciadas para ti que Cristo.

3. Escribe una oración que puedas decir todos los días. La oración puede ser para pedir ayuda para cambiar tu perspectiva sobre el dinero, o puede ser una afirmación de que Cristo es más valioso

para ti que cualquier otra cosa. Coloca tu oración en un lugar donde la veas y ora todos los días.

Guía de estudio
Capítulo 2: Cada dólar cuenta

En este capítulo, te invitamos a tomar la segunda decisión:

Ahorraré dinero a toda costa.

El ahorro es un principio fundamental de la administración financiera prudente. Proverbios 21:20 nos recuerda: «*El tesoro y el aceite están en la casa del sabio, pero el necio lo devora*». Comprometerse a ahorrar a toda costa requiere disciplina y previsión, asegurando que se disponga de recursos para necesidades futuras y desafíos inesperados. Esta decisión es un paso proactivo hacia la estabilidad y la libertad financieras, que nos permite evitar las deudas, abrazar la generosidad y administrar las provisiones de Dios con intencionalidad.

Lo siguiente te ayudará a poner en práctica esta decisión:

Preguntas:

1. Hay tres tipos básicos de personas: deudores, gastadores y ahorradores. ¿En qué categoría pondrías a la mayoría de tus amigos? ¿A tus padres? ¿Cuál de estas categorías te describe mejor?

2. ¿La idea de vivir con un presupuesto te desalienta o te anima? ¿Por qué? Para poder ahorrar

dinero a toda costa, ¿estás dispuesto a crear un presupuesto y cumplirlo fielmente? Explica tu respuesta.

3. Para ayudarte a reducir gastos y poder poner dinero en una cuenta de ahorros, ¿qué tareas que normalmente subcontratas podrías hacer tú mismo? (por ejemplo, lavar el coche, teñirte el pelo, preparar la comida).

Ejercicio: Elabora un presupuesto

Utilizar un presupuesto es la mejor manera de llevar un control de tu dinero. Este ejercicio te guiará a través del proceso de creación de uno.

1. Sigue estos cinco pasos preparatorios para crear un presupuesto:

Paso 1: Reúne todas tus facturas.

Paso 2: Analiza tus recibos o los extractos de tu cuenta común o de débito. En una hoja de papel, crea categorías que especifiquen cómo gastaste tu dinero el mes pasado (por ejemplo, entretenimiento, comidas fuera de casa, transporte). Anota cuánto dinero gastaste en cada categoría. (Muchas aplicaciones bancarias lo harán por ti).

Paso 3: Revisa tus nóminas y las facturas de todas

las fuentes de ingresos que puedas tener. Calcula tus ingresos mensuales y anótalos.

Paso 4: Resta tus gastos mensuales de tus ingresos mensuales.

Paso 5: Distingue entre necesidades y deseos escribiendo una N junto a las necesidades y una D junto a los deseos.

2. Ve al Recurso 1: Hoja de trabajo del presupuesto y completa esta hoja de trabajo utilizando el trabajo preparatorio que has completado en los cinco pasos anteriores.

Calcula tus ingresos y gastos para el mes siguiente. Asigna el dinero a las categorías adecuadas, teniendo en cuenta tus necesidades. Tu objetivo es presupuestar tu dinero de manera que (a) aumente el dinero para pagar deudas o aumentar tus ahorros e inversiones y (b) disminuya el dinero gastado en deseos.

Sigue trabajando y revisando tu presupuesto para poder destinar dinero al pago de deudas o a ahorros e inversiones. Asegúrate de ser realista. No sirve de nada tener un presupuesto ideal si no puedes cumplirlo.

3. Si no tienes dinero sobrante para destinar a deudas o inversiones, considera la posibilidad de empezar un negocio secundario o buscar un trabajo a tiempo parcial.

No se puede subestimar la importancia de seguir un presupuesto. Se disciplinado. Haz sacrificios y se constante.

Guía de estudio
Capítulo 3: Duele, pero el dolor no es en vano

En este capítulo, te animamos a tomar una tercera decisión importante:

No permitiré que el placer me controle ni me distraiga de administrar fielmente los recursos de Dios.

El placer y la comodidad son distracciones tentadoras que pueden erosionar la disciplina financiera y la administración. Eclesiastés 5:10 advierte: «*El que ama el dinero no se saciará con el dinero, ni el que ama las riquezas con sus ingresos.*» Esta decisión reconoce el peligro de ser controlado por los deseos y se compromete a anteponer las prioridades eternas a las tentadoras indulgencias. La verdadera satisfacción proviene de vivir dentro del plan de Dios para nuestros recursos, resistiendo el impulso de gastar en exceso y manteniéndonos enfocados en metas orientadas al reino.

Lo siguiente te ayudará a poner en práctica esta decisión:

Preguntas:

1. El rey Salomón dijo que quien ama el vino y el aceite de oliva nunca se hará rico. ¿Cuál es tu vino o aceite de oliva? Haz una lista de los artículos placenteros en los que habitualmente gastas dinero (por ejemplo, bebidas de café caros, agua embotellada, servicios de streaming).

2. Si tuvieras que hacer un sacrificio y renunciar a algunas de las cosas placenteras que mencionaste en tu respuesta a la pregunta 1, ¿qué obstáculos tendrías que superar? (Un obstáculo podría ser una mentalidad del tipo «necesito esto para funcionar», o podría ser una obligación, un hábito de tu estilo de vida, etc.). ¿Cómo superarás cada obstáculo para que el placer no te controle ni te impida acumular riqueza?

3. ¿Quién puede hacerte responsable de hacer sacrificios para que puedas acumular riqueza?

Ejercicio: Establece objetivos financieros

Establecer objetivos es una forma poderosa de convertir tus deseos en acciones. Ve al *Recurso 2: Taller sobre metas financieras* para crear objetivos relacionados con la eliminación de deudas, ahorros/inversiones y el establecimiento de posibles fuentes de ingresos.

1. Comienza con objetivos a corto plazo. Establece dos objetivos que puedas comenzar a perseguir hoy mismo. Para cada objetivo, crea un plan de acción que describa cómo lo vas a cumplir.

2. Establece objetivos a medio y largo plazo. Ahora es el momento de pensar en el futuro. Debes decidir adonde quieres estar financieramente y cómo vas a llegar hasta allí. Asegúrate de crear un plan de acción para cada objetivo.

Revisa estos objetivos periódicamente y haz los ajustes necesarios.

Guía de estudio
Capítulo 4: Cada dólar se acumula

En este capítulo, te invitamos a tomar una cuarta decisión:

Invertiré los recursos que Dios me ha confiado y haré que cada dólar se multiplique.

Una administración sabia requiere más que ahorrar: exige una inversión intencional que multiplique los recursos. En Mateo 25:14-30, Jesús elogia al siervo que invierte y aumenta los talentos de su amo, ilustrando el principio de la administración fructífera. Esta decisión refleja el compromiso de dejar que cada dólar trabaje para el crecimiento financiero, proporcionando seguridad futura y aumentando su capacidad de ser generoso. Una inversión adecuada convierte los ahorros pasivos en herramientas activas para promover los propósitos de Dios y construir riqueza a largo plazo.

Lo siguiente te ayudará a poner en práctica esta decisión:

Preguntas:

1. Warren Buffett vivía según un principio llamado «técnica de Matusalén». ¿Por qué es importante pensar en tus inversiones según este principio?

2. ¿Por qué la bolsa de valores es una buena opción para los nuevos inversores con activos limitados? Nota: Si decides invertir en la bolsa de valores utilizando una plataforma de negociación en

línea, infórmate sobre los términos y condiciones de la empresa. Y recuerda siempre que estas inversiones implican un riesgo. Es posible perder dinero en la bolsa de valores.

3. ¿Cuáles son los beneficios de la diversificación?

4. ¿Qué pautas de inversión crearás para asegurarte de que tu enfoque de inversión se ajusta a tus creencias y convicciones bíblicas?

Ejercicio 1: Cómo funciona el interés compuesto

El interés compuesto es ganar intereses sobre tus intereses. Para determinar el valor futuro de una inversión, utiliza la fórmula del interés compuesto: $P(1+r)^t$

P = capital

r = tasa de interés

t = tiempo

Sigue los pasos que se indican a continuación para aprender a utilizar esta fórmula. Estos pasos te guiarán a través de una inversión de 3000 $ (P) a un tipo de interés del 15 % (r) después de 10 años (t): $3000(1+0{,}15)^{10}$.

Paso 1: Suma 1 a la tasa de interés (en forma decimal). Por ejemplo, suma 1 a 0,15, lo que equivale a 1,15.

Paso 2: Utilizando el número de años como exponente, eleva el total del paso 1 (1,15) a la potencia t (10): $(1{,}15)^{10}$ = 4,05 (Este número se redondeó a dos decimales).

Paso 3: Multiplica este total por el capital invertido (3000 $): 4,05 X 3000 = 12 150 $.

Por lo tanto, si inviertes 3000 $ a un tipo de interés del 15 % y lo dejas reposar durante 10 años, tu inversión total tendrá un valor de 12 500 $. Tus 3000 $ han ganado 9150 $ adicionales sin ningún esfuerzo de tu parte.

Ahora es tu turno.

1. ¿Cuánto valdría una inversión de 1000 dólares después de 10 años con un tipo de interés del 13 %?

2. ¿Cuánto valdría una inversión de 5000 $ después de 15 años con un tipo de interés del 12 %?

3. ¿Cuánto valdría una inversión de 600 dólares después de 20 años con una tasa de interés del 24 %?

RESPUESTA (Los totales pueden variar ligeramente debido al redondeo).

1. 3390

2. 27 350

3. 44 316

Ejercicio 2: Investiga las plataformas de negociación en línea

1. Utiliza el internet para buscar plataformas de negociación en línea que tengan requisitos mínimos bajos o nulos para abrir una cuenta. Haz una lista de estas empresas.

2. Después de leer los términos y condiciones de cada una de estas empresas, decide si alguna

de estas plataformas de negociación en línea es adecuada para ti.

Nota: Si decides abrir una cuenta, ten en cuenta el riesgo inherente que ello conlleva. Es posible que se produzca una caída y pierdas toda tu inversión (La diversificación suele minimizar el riesgo).

Guía de estudio
Capítulo 5: Libérate para estar libre de deudas

En este capítulo, te invitamos a tomar la siguiente decisión:

Evitaré las deudas malas a toda costa.

Vivir dentro de nuestras posibilidades es una piedra angular de la sabiduría financiera. Proverbios 22:7 advierte: «*El que toma prestado es esclavo del que presta*», recordándonos la carga que supone la deuda. La decisión de gastar solo lo que se tiene disponible, y solo lo necesario, genera satisfacción y protege contra la ruina financiera. Cultivar una vida de moderación y prudencia, nos empodera para dar prioridad a la administración responsable sobre el materialismo y nos libera para buscar la generosidad con la conciencia tranquila.

Lo siguiente te ayudará a poner en práctica esta decisión:

Preguntas:

1. ¿Cuáles son las diferencias entre una deuda buena y una mala?

2. ¿Cómo te disciplinarás para usar solo efectivo y no tarjetas de crédito?

3. ¿Qué puedes hacer para que te resulte más difícil utilizar las tarjetas de crédito?

Ejercicio: Eliminación de deudas

Es recomendable saldar todas tus deudas malas antes de comenzar a invertir. A continuación, te ofrecemos algunos pasos que te ayudarán a reducir y eliminar las deudas malas:

1. Haz una lista de todas tus deudas malas junto con el saldo de cada una de ellas. (También puedes anotar la tasa de interés que estás pagando por cada deuda para recordarte que *tu* eres la inversión que está enriqueciendo a *otros*).

2. Ordena las deudas de menor a mayor.

3. Decide con qué agresividad vas a pagar la deuda más pequeña. Asegúrate de que tu decisión se refleje en tu presupuesto.

4. Si tu deuda más pequeña es con una compañía de tarjetas de crédito, obtén su información de contacto para que puedas cancelar esta tarjeta. Si te ofrecen una tasa de interés más baja para mantener tu negocio, acepta su oferta, pero decide no volver a usar esta tarjeta.

Repite los pasos 3 y 4 hasta que hayas pagado todas tus deudas.

Guía de estudio
Capítulo 6: La inversión sin riesgo: dar al Señor

En este capítulo, te desafiamos a tomar una sexta decisión que cambiará tu vida:

Daré generosamente a la obra del Señor.

La generosidad refleja el corazón de Dios, quien nos dio a su único Hijo (Juan 3:16). Esta decisión reconoce que dar no es una pérdida, sino una inversión espiritual con beneficios eternos. Dar fielmente a la obra de Dios promueve su reino, satisface las necesidades de los demás y profundiza nuestra confianza en su provisión. La generosidad convierte la riqueza en adoración, lo que la convierte en un poderoso acto de obediencia y amor.

Lo siguiente te ayudará a poner en práctica esta decisión:

Preguntas:

1. ¿Qué es el diezmo y por qué es importante? ¿Ofreces fielmente a la obra del Señor? ¿Por qué sí o por qué no?

2. ¿Cómo cambia tu forma de ver las ofrendas el reconocer que todas las cosas pertenecen a Dios?

3. Pablo escribió: «*La cuestión es esta: el que siembra escasamente, también cosechará escasamente, y el que siembra generosamente también cosechará*

abundantemente» (2 Corintios 9:6). ¿Qué quiso decir Pablo en este versículo?

4. Pablo continuó: «*Cada uno debe dar según lo que haya decidido en su corazón, no de mala gana ni por obligación, porque Dios ama al que da con alegría*» (2 Corintios 9:7). ¿Qué te dice el Señor acerca de dar?

Ejercicio: Establece una meta de dar

Este capítulo enfatizó el llamado bíblico a invertir generosamente en el reino de Dios. En el ejercicio de la guía de estudio del capítulo 3, estableciste varias metas financieras. Ahora te invitamos a establecer una meta de dar relacionada con la obra del Señor. Esta meta puede ser dar fielmente el diezmo, dar más del diezmo, dar generosamente a los necesitados o cualquier otra cosa que Dios ponga en tu corazón. La cantidad es entre tú y el Señor. Para obtener ayuda para establecer esta meta, utiliza la hoja de trabajo del *Recurso 2: Taller sobre metas financieras.*

Capítulo 7: El poder de la acción

En este capítulo, te hemos desafiado a tomar la séptima y última decisión:

> *Haré un pacto duradero para invertir mi tiempo, mis talentos y mis tesoros en bendecir a otros y edificar el reino de Dios.*

Una vida con propósito surge del compromiso de usar todo lo que tenemos para la gloria de Dios. Romanos 12:1 nos exhorta a ofrecernos como sacrificios vivos, santos y agradables a Dios. La decisión de hacer un pacto no es un vínculo legalista, sino una resolución sincera de invertir tu tiempo, habilidades y finanzas de manera que bendigan a Dios y a los demás. Nos ayuda a cambiar nuestro enfoque de la ganancia personal al impacto eterno, alineando cada recurso con la misión divina de amor, mayordomía y servicio.

Lo siguiente te ayudará a poner en práctica esta decisión:

Preguntas:

1. El capítulo 7 comienza con una cita de Proverbios 12:27: *El negligente no alcanza presa, pero el hombre diligente obtendrá preciosa riqueza.* ¿Qué principio importante enfatizó Salomón en este versículo?

2. ¿De qué manera invertir en los demás es un reflejo del amor y del sacrificio de Cristo?

3. ¿Te sientes aprensivo, emocionado o indiferente respecto a hacer un Pacto de Administración? Explica tu respuesta.

Ejercicio: Escribe tu pacto

En el capítulo 7 aprendiste a crear un pacto de administración. Ahora es el momento de redactar tu propio documento. Al escribir el pacto, recuerda incluir las cuatro partes:

1. Un reconocimiento de la propiedad de Dios (Salmo 24:1)
2. Una declaración de tu función como administrador
3. Una descripción de tus compromisos
4. Tu firma

Consulta el capítulo para ver ejemplos de redacción adecuada, pero asegúrate de que tu pacto sea fiel a tus convicciones y compromisos. Una vez que lo hayas completado tu pacto, imprímelo, fírmalo, féchalo y colócalo en un lugar donde lo veas a menudo.

Acerca de los autores

David N. Johnson

David nació y creció en California y se casó con su novia de la infancia, Lisa, en 1986. Tienen tres hijas maravillosas y nueve nietos increíbles. Es gestor patrimonial desde 1990, con las licencias Series 7, 63, 65 y 24, y fundó Johnson Wealth Management en 1994. Cuando están en sus casas de Arizona o Texas, participan activamente en su iglesia local, en el Rotary y en varias juntas y fundaciones. También les encanta viajar para visitar a sus hijos y nietos por todo el país.

www.jwealth.co

J. A. Johnson

El Dr. J. A. Johnson es miembro fundador del Genesis College & Seminary, un ministerio internacional que atiende a miles de reclusos en todo el país. También ha sido miembro del cuerpo docente de colegios y universidades cristianas. El Dr. Johnson tiene la bendición de tener cuatro hijos maravillosos y seis queridos nietos.

www.genesisbibleinstitute.org

www.ingramcontent.com/pod-product-compliance
Lightning Source LLC
LaVergne TN
LVHW041840070526
838199LV00045BA/1374